Dr. Jörg Zittlau

# Lexikon der Gewürze

Ob süß, ob pikant – die besten Gewürzkombinationen mit Gesundheitseffekt

Südwest

*Die heilende Wirkung des Salbei ist schon lange bekannt. Ihr verdankt er seinen Namen Salvia (von lateinisch salvus = gesund).*

# Inhalt

## Gewürzlexikon von A bis Z 35



## Gewürzmischungen aus aller Welt 119



*Nelken gehören zu den beliebtesten Gewürzen überhaupt. Für viele sind sie untrennbar mit Winter und Weihnachten verbunden.*

# Geschmack pur

*Gewürze sind mehr als bloße Nahrungsmittel, sie sind gewissermaßen eine Idee, die sich auch auf unsere Kultur und unsere Sprache niederließ. Man denke nur an die Redewendung von der »Würze des Lebens«. Wenn im Alltag von »Würze« und »würzen« die Rede ist, dann soll damit der Bezug zu dem Wesentlichen und Aufregenden einer Sache oder eines Menschen hergestellt werden.*

**Gewürze spenden nicht nur Aroma, sie sind auch imstande, den Eigengeschmack von bestimmten Nahrungsmitteln zu verstärken. Dazu dürfen sie jedoch nicht zu reichlich eingesetzt werden.**

## *Von der Küche zur Würze des Lebens*

Wenn etwas oder jemand die Würze fehlt, dann fehlt ihm der »Kick« und die Fähigkeit, Aufmerksamkeit auf sich zu ziehen – dann ist er oder sie einfach nur öde und langweilig.

Und dies gilt natürlich auch für den eigentlichen Zuständigkeitsbereich der Gewürze, die Küche. Eine Blutwurst ohne Majoran ist einfach nur ein fettiger Klumpen gedrehtes Fleisch, und Tomaten auf Mozzarella sind ohne Basilikum nur halb so gut. Erst die Würze gibt dem Essen Seele: Wer will, dass sein Essen lebt und den Gaumen verwöhnt, muss lernen, mit Gewürzen umzugehen. Die Mühe des ersten Schritts wird schnell belohnt. Wer einmal auf einem orientalischen Gewürzmarkt war, kennt die betörenden und viel versprechenden Gerüche, die einem dort entgegenwehen. Wer in unseren Breitengraden die Gewürze beherrscht, der holt sich ein Stück dieses geheimnisvollen Orients in die Küche.

Aber es ist nicht nur der Geschmack, der durch gekonntes Würzen erst vielseitig wird. Gewürze haben oft auch medizinisch-heilsame Wirkungen, die wir gratis mitgeliefert bekommen.

*Die meisten Gewürze haben eine jahrtausende alte Tradition – und die schmeckt man oft genug auch.*

## *Der Weg aus der Tristesse*

**Ein wenig Experimentierfreude kann nicht schaden. Im schlechtesten Fall haben Sie ein sehr ungewöhnlich schmeckendes Essen – aber auch das schärft Ihre Geschmacksnerven!**

Dennoch: Gerade ein Blick in mitteleuropäische Küchen zeigt immer wieder, dass dort eher sparsam gewürzt wird. Da kommt dann wohl Salz und Pfeffer aufs Essen, hin und wieder auch etwas Paprikapulver, Petersilie und Dill, doch kulinarische Feinheiten wie Ingwer, Bockshornklee, Schwarzkümmel und Koriander überlässt man lieber den Köchen aus Frankreich, Asien und Afrika. Allenfalls ist man hierzulande noch dazu bereit, billige Fertiggewürzmischungen aus dem Supermarkt einzukaufen, doch ansonsten herrscht in puncto Gewürzkultur eher Tristesse.

### *Dichten statt Würzen?*

Bleibt die Frage, worin diese Tristesse begründet ist. Der erste Verdacht geht dahin, dass man im Land der Dichter und Denker nur wenig Liebe für den sinnlichen Genuss beim Essen verspürt, sondern vielmehr auf den »unverfälscht-gewürzlosen« Charakter der Nahrungsmittel »an und für sich« setzt.

Doch dieser Verdacht erweist sich bei näherem Hinsehen als unbegründet. Denn die exotischen Restaurants zwischen München und Flensburg erfreuen sich mit ihren ebenso exotischen Gewürzen eines regen Zuspruchs. Und auch ein Blick in die Regale von Lebensmittelgeschäften zeigt, dass durchaus ein Interesse an Gewürzen besteht, auch für die Küche am heimischen Herd. Dennoch wandern Ingwer, Safran & Co. nur selten in die Kochtöpfe deutscher Hausfrauen und -männer, meist bleibt ihnen nur das trostlose Schicksal des vergeblichen Wartens auf dem Küchenregal. Die Gewürzindustrie wirbt erfolgreich damit, dass Liebe auch durch den Magen geht. Aber der Wille der Köche ist oft größer als ihr Mut. Die meisten Gewürze bleiben unprobiert, das Essen wird mit Brühwürfeln, Ketchup und Fertigsaucen aufgepeppt – keine gute Voraussetzung für eine große Liebe.

## *Eine erlernbare Kunst*

Warum nun diese Scheu vor Gewürzstreuer und Gewürzmühle? Die Antwort heißt: aus Unsicherheit. Denn mit Gewürzen kann man eine Menge falsch machen. Ein Safranstempel zu viel im Chinagericht, und das Ganze wird gelb wie ein Postauto. Und wer bei Cayennepfeffer oder Kurkuma nicht aufpasst, sorgt leicht dafür, dass seinen Gästen die Haare zu Berge stehen und sich die Mundwinkel verkniffen-angewidert nach unten senken.

Daher lassen viele Gelegenheits- und Hobbyköche lieber gleich die Finger von Gewürzen, die sie nicht genau kennen – und dementsprechend langweilig fällt dann auch ihr Kochergebnis aus.

**Gute Gewürze zeichnen sich dadurch aus, dass sie auf kleinstem Raum viel Geschmack und Aroma besitzen. Dementsprechend gewissenhaft müssen sie in der Küche eingesetzt werden. Dennoch kann die Kunst des Würzens von jedem erlernt werden.**

### *Die Küche als Geschmackslabor*

Dabei wäre ein Versuch so lohnenswert! Nicht zuletzt steckt in jedem Experiment, egal ob es gleich beim ersten Mal gelingt oder nicht, ein neuer Geist, die kleine Entdeckung einer Welt, die zu entdecken sich lohnt.

Die Absicht des vorliegenden Lexikons ist nun, einen Teil dieser weit verbreiteten Unsicherheit abzubauen. Es will Ihnen zeigen, dass Würzen wohl eine Kunst ist, dass man diese Kunst aber problemlos erlernen kann. Und am Ende steht dann möglicherweise sogar die Erkenntnis, dass Ingwer, Kurkuma & Co. nicht nur unserer Küche nutzen, sondern auch insgesamt – im übertragenen Sinn – eine Würze für unser ganzes Leben sein können.

# Die Geschichte der Gewürze

*Eine chinesische Legende berichtet, dass die Menschheit vor 5000 Jahren ins Wissen um die Gewürze eingeweiht wurde. Historische Forschungen belegen jedoch, dass die Chinesen eher spät dran waren: Die ersten authentischen Berichte über Handel und Verwendung von Gewürzen in China stammen aus der Zeit nach Christi Geburt.*

## *Die Ursprünge*

Es ist bis heute nicht geklärt, wo genau die Ursprünge von Anbau und Verwendung der Gewürze liegen. Ausgrabungen in Mexiko belegen, dass man dort bereits in der Jungsteinzeit um 7000 v. Chr. wild wachsende Sorten von Chilipfeffer kannte. Wahrscheinlich liegt die Wiege der Gewürze eher in Indien. Denn vor 5000 Jahren starteten von dort die ersten Gewürzkarawanen nach Arabien, von wo aus sie weiter nach Europa zogen.

### *Gewürze als Medizin*

Klar ist, dass die Gewürze in den Ursprungszeiten als Medizin mindestens genauso wichtig waren wie als Geschmacksbereicherung der Mahlzeiten. In der über 5000 Jahre alten Ayurvedalehre spielen Gewürze eine entscheidende Rolle. Der »Ebers-Papyrus«, eine medizinische Schrift um 1550 v. Chr. berichtet davon, dass den Ägyptern Anis, Bockshornklee, Kümmel, Kassie, Kardamom, Myrrhe, Senf, Sesam und viele andere Gewürze bekannt waren, die sie für das Einbalsamieren, die Körperpflege und die Desinfektion verwendeten.

**Einige Medizinhistoriker behaupten sogar, dass Hippokrates und sein Geistesvater Empedokles (490–430 v. Chr.) ihre Lehre, wonach die vier Elemente Feuer, Luft, Wasser und Erde zum Erhalt der Gesundheit ins Gleichgewicht gebracht werden müssten, aus Beobachtungen in der Küche abgeleitet hätten.**

*Nicht nur für den ausgemachten Gewürzfan ein einmaliges Erlebnis: ein orientalischer Markt.*

Auch die antiken Griechen schätzten Gewürze als Heilmittel für die unterschiedlichsten Erkrankungen. Durch Alexander den Großen hatten sie das Gewürzhandelsmonopol von den Phöniziern erobert, so dass sie auch fernöstliche Gewürze wie Kassie, Ingwer und Pfeffer kennen lernten. Ihr berühmter Arzt Hippokrates (460–377 v. Chr.) führte eine ganze Reihe von Gewürzen in seinem Heilpflanzensortiment.

**Im 15. Jahrhundert konnte man mit Gewürzen noch eine Menge Geld verdienen, der Gewürzhandel war die Basis so manchen Vermögens. Nicht umsonst wurden damals besonders reiche Händlerfamilien wie die Fugger und die Tucher als Pfeffersäcke bezeichnet.**

## *Der Weg zum eigentlichen Gewürz*

Im antiken Rom verloren dann die gesundheitlichen Vorzüge der Gewürze an Bedeutung. Die Römer waren denn auch die Ersten, die Gewürze im großen Stil anbauten und importierten.

Doch dann verloren die Römer ihre Vormachtstellung im Handel, so dass es bis zum Mittelalter dauerte, bis auch die mitteleuropäische Küche die Gewürze für sich entdeckte.

Einen erneuten wirtschaftlichen Höhepunkt erreichte der Gewürzhandel erst in der Mitte des 15. Jahrhunderts. Die Großmacht Venedig und die Seerepublik Genua teilten sich das Importmonopol. Mit ihrer Einfuhr erzielten die Kaufleute teilweise astronomische Gewinne. In dieser Zeit konnte die – gut betuchte – Pariser Hausfrau von Berufsköchen pikante Würzsaucen kaufen. Große Nachfrage bestand nach schwarzem Pfeffer, Muskatnuss und Zimt, das begehrteste Gewürz jedoch war die Gewürznelke.

## *Handelsrouten*

Die Würzpflanzen kamen, ähnlich wie heute, vorwiegend aus Indien. Der Pfeffer wurde an Indiens Westküste und in Sumatra angebaut, der Zimt stammte aus dem heutigen Sri Lanka. Der Star des damaligen Gewürzhandels, die Gewürznelke, wuchs auf den Molukken. Die Khane der Mongolen und arabischen Kaufleute organisierten den Landtransport der begehrten Essenzen mit Kamel- und Eselskarawanen bis nach Konstantinopel und Alexandria, den beiden Hauptumschlagplätzen. Von dort transportierten venezianische Schiffe die Säcke nach Mitteleuropa. Aus den Chroniken geht hervor, dass ein Kaufmann sogar dann noch Gewinn machte, wenn er von sechs Schiffsladungen fünf verlor und nur eine verkaufte.

**Die Tradition, Gewürze nicht nur in der Küche, sondern auch als Heilkräuter einzusetzen, wurde lange Zeit nur in den Klöstern weitergeführt. In den letzten Jahren entdeckte jedoch auch die moderne Medizin die therapeutischen Wirkungen von Pfeffer, Kümmel &Co.**

## Gewürze für jeden

Ende des 15. Jahrhunderts begann Portugal den Venezianern Konkurrenz zu machen. Im Jahr 1498 erreichten portugiesische Seefahrer auf dem Pazifikweg Kalikut, die wichtigste Hafenstadt der indischen Westküste. Sie kehrten mit Gewürzen und Diamanten in die Heimat zurück – und hatten gleich die Erklärung des westindischen Herrschers bei sich, mit Portugal regen Handel zu betreiben.
Zwar sollten noch zwischen Arabern, Venezianern, Portugiesen, Spaniern und Holländern zahlreiche Scharmützel um die Vorherrschaft im Gewürzhandel ausbrechen, doch die Konkurrenz belebte das Geschäft: Gewürze wurden schlagartig erschwinglich.

### Die Situation heute

Von einigen Ausnahmen wie Safran und Vanille abgesehen sind Gewürze heute preiswert. Der Löwenanteil der Gewürze kommt aus Indien, erst mit weitem Abstand folgen Indonesien, Brasilien und Madagaskar. Beim Konsum der verschiedenen Gewürze führt Pfeffer vor Paprika, Kümmel, Muskat und Zimt.

## *Die medizinischen Wirkungen von Gewürzen*

**Übersichtstafel der Beschwerden und der zu ihnen passenden Heilgewürze**

| | |
|---|---|
| Abmagerung | Galgant |
| Abwehrschwäche | Beifuß, Dillkraut, Kerbel |
| Allergien | Schwarzkümmel |
| Amöbenruhr | Knoblauch |
| Arthritis | Schwarzkümmel |
| Appetitmangel | Beifuß, Ingwer, Knoblauch, Koriander, Kreuzkümmel, Majoran, Pfefferminze |
| Arteriosklerose | Gewürznelke, Ingwer, Knoblauch, Kresse, Kurkuma, Petersilie |
| Blähungen | Anis, Basilikum, Bohnenkraut, Fenchelsamen, Kardamom, Kreuzkümmel, Kümmel |
| Blasenschwäche | Petersilie |
| Blasenentzündung | Kresse, Meerrettich, Petersilie |
| Blutarmut | Basilikum, Rosmarin, Sesam, Thymian |
| Bluthochdruck | Ingwer, Knoblauch, Petersilie |
| Bronchitis | Knoblauch, Kresse, Meerrettich, Thymian |
| Darmentzündungen | Bohnenkraut, Knoblauch, Salbei, Thymian |
| Darminfektionen | Basilikum, Gewürznelke, Kurkuma, Thymian, Zimt |
| Darmkoliken | Ajowan, Basilikum, Dillsamen, Galgant, Gewürznelke, Koriander, Kreuzkümmel, Kümmel, Majoran, Pfefferminze, Zimt |
| Dreimonatskolik | Anis, Fenchelsamen, Kümmel |
| Durchblutungsstörungen | Knoblauch |
| Durchfall | Ajowan, Anis, Fenchelsamen, Gewürznelke, Majoran, Pfefferminze, Zimt |

## *Die medizinischen Wirkungen von Gewürzen*

**Übersichtstafel der Beschwerden und der zu ihnen passenden Heilgewürze**

| | |
|---|---|
| Eisenmangel | Basilikum, Rosmarin, Sesam, Thymian |
| Erschöpfung | Rosmarin |
| Fadenwürmer | Knoblauch, Thymian |
| Furunkel | Bockshornklee |
| Gallenblasenentzündung | Kurkuma, Rosmarin |
| Gallensteine | Pfefferminze, Majoran |
| Gicht | Dillkraut, Liebstöckel |
| Haarschuppen | Safran |
| Halsentzündung | Kapern, Salbei, Thymian |
| Harnsteinleiden | Dillkraut, Estragon, Liebstöckel, Petersilie |
| Heiserkeit | Bockshornklee, Zimt |
| Herz- und Kreislaufschwäche | Rosmarin, Zimt |
| Hohe Cholesterinwerte | Beifuß, Kurkuma, Sesam |
| Hühneraugen | Bockshornklee |
| Husten | Anis, Fenchelsamen, Kapern, Kresse, Kreuzkümmel, Meerrettich |
| Karbunkel | Bockshornklee |
| Karies | Beifuß, Estragon, Majoran |
| Keuchhusten | Thymian |
| Kater | Kardamom, Koriander |
| Konzentrationsschwäche | Beifuß, Pfefferminze, Safran |
| Kopfschmerzen | Gewürznelke, Koriander, Pfefferminze |

## *Die medizinischen Wirkungen von Gewürzen*

**Übersichtstafel der Beschwerden und der zu ihnen passenden Heilgewürze**

| | |
|---|---|
| Kreislaufschwäche | Rosmarin, Zimt |
| Kropf | Dillkraut |
| Magengeschwür | Gewürznelke |
| Magenschleimhautentzündung | Gewürznelke, Ingwer, Koriander, Majoran, Salbei |
| Magenkrämpfe | Fenchelsamen, Galgant |
| Mangelnde Hautdurchblutung | Kreuzkümmel |
| Menstruationsbeschwerden | Kreuzkümmel, Petersilie, Pfefferminze |
| Müdigkeit | Galgant, Ingwer, Rosmarin |
| Mundgeruch | Anis, Dillsamen, Kümmel |
| Nachtschweiß | Salbei |
| Niedriger Blutdruck | Rosmarin, Zimt |
| Nervosität | Majoran |
| Nierenentzündung | Meerrettich |
| Osteoporose | Basilikum, Dillkraut, Kerbel |
| Pilzinfektionen | Beifuß, Kurkuma |
| Rachenentzündungen | Bockshornklee, Gewürznelke, Kapern, Salbei, Zimt |
| Reisekrankheit | Ingwer |
| Reizhusten | Zimt |
| Reizdarm | Pfefferminze |

## *Die medizinischen Wirkungen von Gewürzen*

**Übersichtstafel der Beschwerden und der zu ihnen passenden Heilgewürze**

| | |
|---|---|
| Reizmagen | Dillsamen, Koriander, Majoran, Pfefferminze |
| Rheumatische Erkrankungen | Gewürznelke, Muskatnuss, Rosmarin, Schwarzkümmel |
| Roemheld-Syndrom | Kardamom |
| Schnupfen | Ingwer, Kapern, Knoblauch, Kresse, Majoran, Petersilie, Salbei, Thymian |
| Schwielen | Bockshornklee |
| Speichelmangel | Pfeffer |
| Sportverletzungen | Majoran, Muskatnuss, Rosmarin |
| Spulwürmer | Knoblauch, Thymian |
| Übelkeit | Ingwer, Koriander |
| Übergewicht | Pfeffer |
| Übermäßiges Schwitzen | Salbei |
| Unterleibskrämpfe | Basilikum |
| Verdauungsträgheit | Estragon, Ingwer, Kapern, Kardamom, Kümmel, Pfeffer, Safran, Schwarzkümmel, Zimt |
| Verstopfung | Knoblauch, Sesam |
| Vitamin-A-Mangel | Basilikum, Dill, Kerbel, Kresse |
| Völlegefühl | Beifuß, Kreuzkümmel, Kurkuma |
| Wassersucht | Liebstöckel, Petersilie, Kerbel |
| Wadenkrämpfe | Basilikum, Estragon, Liebstöckel |
| Zahnfleischentzündungen | Beifuß, Gewürznelke, Salbei |
| Zahnschmerzen | Gewürznelke |

MARY EVANS PICTURE LIBRARY

# Die Gewürzküche

*Nur wer die Eigenheiten der jeweiligen Gewürzkräuter kennt, kann ihr Aroma durch bestimmte Verfahren voll ausschöpfen. Ob frisch, getrocknet oder geröstet – Gewürze verfeinern Ihr Essen deutlich und sind außerdem auch noch gesund. Der Gewürzhändler hat immer gute Tipps parat.*

**Zum Glück muss man heute kein Vermögen mehr für eine abwechslungsreiche Gewürzauswahl ausgeben. Trotzdem sollte man dem Einkauf und der Lagerung ein wenig Aufmerksamkeit widmen, da qualitativ minderwertige oder falsch aufbewahrte Gewürze schnell ihr Aroma verlieren.**

## *Frische Würzkräuter richtig zubereiten*

Das Interesse an Gewürzen nimmt in Mitteleuropa immer mehr zu. Die Faszination, die von Asien und dem asiatischen Lebensstil ausgeht und die fernöstlichen Kochkünste ziehen hierzulande immer mehr Menschen in ihren Bann.

Um Einbußen in Geschmack und in gesundheitlicher Wirkung der kostbaren Kräuter zu vermeiden, ist es wichtig, sich vor der Verwendung von Gewürzen mit einigen Grundregeln zur Handhabung und Lagerung vertraut zu machen. Wegen der großen Vielfalt an unterschiedlichen Gewürzen ist eine individuelle Behandlung von großer Bedeutung.

Zu den Würzkräutern, die häufig frisch verwendet werden, zählen Basilikum, Beifuß, Bohnenkraut, Dill, Estragon, Fenchelblätter, Kerbel, Kresse, Korianderblätter, Liebstöckel, Petersilie, Salbei und Thymian. Sie werden als Sträuße gekauft und dann entweder komplett in die Speise gegeben oder mit einem scharfen Küchenmesser auf einem Holzbrett gehackt.

Auch den Knoblauch verwenden Sie am besten frisch. Die Zehen werden abgezogen und mit einer Knoblauchpresse direkt über dem Essen ausgedrückt.

*Mit den richtigen Gewürzen kann man auch die alltägliche schnelle Küche abwechslungsreich gestalten.*

## *Gewürze gekonnt trocknen*

Zu den Gewürzen, die überwiegend im getrockneten Zustand gekauft und verwendet werden, gehören Anis, Bockshornklee, Fenchelsamen, Gewürznelken, Ingwer, Kardamom, Koriandersamen, Kreuzkümmel, Kümmel, Kurkuma, Lorbeer, Muskat, Pfeffer, Safran, Schwarzkümmel und Zimt.

Das Aroma aller Sorten ist am intensivsten, wenn sie nicht als Pulver, sondern in ganzen Stücken gekauft werden. Ob sie dann allerdings zum Essen zerkleinert werden, hängt von der Eigenart des Gewürzes und natürlich vom Charakter der jeweiligen Speise ab.

**Seien Sie beim Mahlen vorsichtig mit der Dosierung! Gemahlene Gewürze müssen sofort aufgebraucht werden, denn beim Lagern verlieren sie schnell an Aroma.**

Einige Gewürze entfalten erst dann ihr richtiges Aroma, wenn sie kurz vor dem eigentlichen Würzen zerkleinert werden. Mit wenigen Ausnahmen – darunter Ingwer, Mazis, Kümmel, Kurkuma, Gewürznelken und Zimt, die zerstoßen werden müssen – lassen sich Gewürze recht einfach in der Mühle zu Pulver verarbeiten.

### *Mit Gewürzkräutern dekorieren*

Gewürzkräuter müssen nicht notwendigerweise in der Küche deponiert werden. Manchmal ist es im Gegenteil sogar ratsam, sich eine geeignete Stelle in Haus oder Wohnung zu suchen, wo die Kräuter trocknen können, ohne von anderen Gerüchen, die besonders in der Küche entstehen, bedampft zu werden.

Kräuterbunde, die an verschiedenen Stellen des Hauses drapiert werden, können sehr dekorativ sein und den Wohnwert deutlich steigern. Im Esszimmer oder im Flur, im Schlafzimmer oder im Vorratsraum vermitteln die Gewürzpflanzen eine wohnliche Atmosphäre. Aber die Bunde sind nicht nur optisch attraktiv, sondern geben oft einen leichten Geruch an die Umgebung ab,

der für die Bewohner zu einem Charakteristikum eines Raums werden kann. Ein Rosmarinzweig im Flur beispielsweise wird immer wieder dazu verführen, ein einzelnes Blatt abzulösen und zwischen den Fingern zu verreiben.
Wer Gewürzkräuter über längere Zeit dekorativ einsetzt, sollte auf ihre Nutzung im Essen verzichten. Staub und Fett legen sich auf das Gewürz und machen es möglicherweise für den kulinarischen Einsatz schnell unbrauchbar.

**Vorsicht beim Rösten mit Fett. Einige Gewürzkörner springen regelrecht aus der Pfanne heraus, wenn sie im Fett erhitzt werden. Halten Sie also den Pfannendeckel bereit!**

## *Gewürze anrösten*

Einige Gewürze wie Bockshornklee, Curry, Koriandersamen, Kreuzkümmel, Sesam und Schwarzkümmel intensivieren ihr Aroma, wenn sie vor ihrem eigentlichen Würzeinsatz geröstet werden.

▸ **Trockenrösten**

Dabei wird eine Bratpfanne 2 bis 3 Minuten erhitzt. Danach geben Sie die ganzen Gewürze hinein. Bei mittlerer Hitze rösten. In den ersten 2 Minuten verlieren die Gewürze ihre Feuchtigkeit, sie werden dann recht schnell braun. Von diesem Punkt an müssen Sie die Gewürze immer wieder wenden, damit sie nicht anbrennen! Rösten Sie weiter, bis der Pfanneninhalt eine dunkelbraune Farbe angenommen hat und einen betörenden Duft verströmt. Am Ende der Garzeit die Gewürze herausnehmen und in einer Schale zum Abkühlen deponieren.

▸ **Fettrösten**

Beim Anrösten mit Fett werden die Gewürze 2 bis 3 Minuten im Butterreinfett Ghee oder in Pflanzenöl angebraten. Sie geben dabei ihr Aroma an das Fett ab, ehe die anderen Zutaten hinzugefügt werden.

### *Die wichtigsten Küchengerichte und die passenden Gewürze*

| | |
|---|---|
| **Aal, Aalsuppe** | Dill, Salbei |
| **Bohnensuppe** | Basilikum, Bohnenkraut, Estragon, Liebstöckel, Majoran, Muskatnuss, Thymian |
| **Blattsalate** | Estragon, Kresse, Schnittlauch |
| **Bratfisch** | Bouquet garni, Cayennepfeffer, Knoblauch, Petersilie, Rosmarin, Safran, Thymian |
| **Couscous** | Ingwer, Korianderblätter, Paprika, Petersilie, Safran, Zimt |
| **Dalgerichte** | Ingwer, Koriander, Kreuzkümmel, Kurkuma, Lorbeer, Rosmarin, Zimt |
| **Eierspeisen** | Basilikum, Cayennepfeffer, Fines Herbes, Kerbel, Kurkuma, Dill, Kresse, Kapern, Majoran, Schnittlauch |
| **Eintopfgerichte** | Basilikum, Beifuß, Bohnenkraut, Knoblauch, Kümmel, Liebstöckel, Majoran, Paprika |
| **Eingelegte Gurken** | Basilikum, Bohnenkraut, Dill, Estragon, Thymian |
| **Fischsuppen** | Ajowan, Knoblauch, Petersilie, Rosmarin, Safran, Thymian |
| **Geflügel** | Basilikum, Cayennepfeffer, Dill, Knoblauch, Koriander, Kurkuma, Paprika |
| **Gewürzbrot** | Anis, Dill, Fenchelsamen, Kreuzkümmel, Kümmel, Safran |
| **Grüner Tee** | Gewürznelken, Pfefferminze, Vanille, Zimt |
| **Gurkensalat** | Basilikum, Dill, Knoblauch, weißer Pfeffer |
| **Hammelfleisch** | Ajowan, Beifuß, Dill, Estragon, Galgant, Ingwer, Knoblauch, Kümmel, Pfefferminze, Rosmarin, Salbei, Thymian, Zimt |
| **Fruchtkompott** | Ingwer, Gewürznelke, Zimt |
| **Indische Linsengerichte** | Kurkuma, Schwarzkümmel |

### *Die wichtigsten Küchengerichte und die passenden Gewürze*

| | |
|---|---|
| **Kartoffelsuppe** | Majoran, Schnittlauch |
| **Kohlgerichte** | Basilikum, Borretsch, Kümmel |
| **Kuchen** | Anis, Ingwer, Mazis, Muskatnuss, Vanille, Zimt |
| **Obstchutneys** | Ingwer, Gewürznelken, Kardamom, Zimt |
| **Obstsalat** | Anis, Ingwer, Kardamom, Vanille |
| **Pizza** | Basilikum, Knoblauch, Oregano, Paprika, Thymian |
| **Paella** | Knoblauch, Paprika, Safran |
| **Punsch** | Gewürznelken, Ingwer, Kardamom, Zimt |
| **Reis** | Currymischungen, Galgant, Ingwer, Kardamom, Kreuzkümmel, Safran |
| **Rindersteaks** | Cayennepfeffer, grüner Pfeffer, Knoblauch, Kresse, Rosmarin |
| **Sauerkraut** | Kümmel, Lorbeer, ganze Pfefferkörner |
| **Schweinebraten, Schweinebauch** | Beifuß, Cayennepfeffer, Estragon, Fenchelsamen, Knoblauch, Paprika, Petersilie, Rosmarin |
| **Spinat** | Borretsch, Ingwer, Knoblauch, Kreuzkümmel, Majoran, Muskatnuss |
| **Süßspeisen** | Anis, Ingwer, Kardamom, Mazis, Muskatnuss, Vanille, Zimt |
| **Tee- und Kaffeegebäck** | Anis, Fenchelsamen, Gewürznelke, Ingwer, Kardamom, Muskatnuss, Vanille, Zimt |
| **Tomatensalat** | Basilikum, Dill, Estragon, Korianderblätter, Paprika |
| **Wildgerichte** | Estragon, Fines Herbes, Gewürznelke, Koriandersamen, Lorbeer, Rosmarin, Salbei, Thymian |
| **Wurzelgemüse** | Ajowan, Dill, Estragon, Kerbel, Schnittlauch |

**Salz** und **Pfeffer** gehören zum Abschmecken – mit Ausnahme von Obst- und Süßspeisen – an praktisch alle Gerichte.

# Gewürze selbst anbauen

*Ein großer Teil der Gewürzkräuter kommt aus Gegenden, in denen viel die Sonne scheint und subtropische bis tropische Klimabedingungen vorherrschen. Dergleichen findet man natürlich in unseren Breiten nicht. Trotzdem kann auch der mitteleuropäische Raum mit einigen Gewürzkräutern aufwarten, und wenn man ihnen ein sonniges, windgeschütztes Plätzchen anbietet, gelingt auch die Aufzucht von Gewürzpflanzen, die aus wärmeren Gebieten stammen.*

**Der eigene kleine Gewürzgarten wird immer beliebter – kein Wunder. Die Pflege ist unkompliziert, und frische Gewürze sind immer eine Bereicherung für Kochtopf und Hausapotheke.**

## *Die richtigen Bodenverhältnisse*

Gewürzkräuter zählen zu den »toleranten« Pflanzen, die nicht allzu pingelig in ihren Bodenansprüchen sind. Ihr Ertrag ist allerdings umso größer, je mehr die Bodenbedingungen ihnen entgegenkommen. Seien Sie mit Düngemitteln vorsichtig, denn alles was Sie an Chemie einsetzen, finden Sie möglicherweise in Ihrem Essen wieder! Wichtig ist außerdem, dass die richtigen Kräuter nebeneinander stehen: So sollte Dill nicht neben Fenchel wachsen, denn sie bestäuben sich gegenseitig! Fenchel, Koriander und Kümmel behindern sich gegenseitig im Wachstum. Liebstöckel hemmt ebenfalls Nachbarpflanzen, er braucht viel Abstand. Außerdem mag er die stark duftende Pfefferminze nicht. Petersilie mag sich selbst nicht. Wenn sie im Topf wächst, muss jedes Jahr die gesamte Erde ausgetauscht werden. Die unterschiedlichen Böden und die auf ihnen wachsenden Pflanzen sind auf den nächsten Seiten beschrieben.

*Der eigene kleine Kräutergarten ist schnell angelegt und bedarf weniger Pflege als man meint.*

## Lehmboden

**Gewürzkräuter kommen aufs Essen und sollten daher in jedem Fall biologisch angebaut werden. Die Fruchtbarkeit der Böden wird also am besten mit natürlichem Dünger oder Kompost verbessert.**

Er besitzt ein ausgewogenes Verhältnis an Ton, Sand und Schwemmpartikeln. Der Nährstoffgehalt ist recht hoch, daher für viele Kräuter geradezu ideal. Lehmboden muss allerdings regelmäßig mit der Gabel durchlüftet werden.

Auf **Lehmboden** wachsen:

- Basilikum
- Borretsch
- Dill
- Knoblauch
- Koriander
- Kümmel
- Liebstöckel
- Lorbeer
- Petersilie
- Salbei

*Selbst gesammelte Gewürze: konzentrierter Geschmack und Natur pur.*

- Schnittlauch
- Thymian

### *Tonboden*

Er ist sehr dicht, bei Hitze pappt er zusammen, bei Regen wird er schwer und klebrig. Lockern Sie ihn mit Kompost und tief wurzelnden Pflanzen auf!
**Tonboden** eignet sich für:

- Pfefferminze
- Salbei
- Thymian

**Von den Kräutern, die in unseren Breiten wachsen, eignen sich auch viele zum Anbau auf dem heimischen Balkon. Südwärts ausgerichtete Balkone bieten gerade den sonnenverwöhnten Gewürzen gute Wachstumsbedingungen.**

### *Humoser Lehmboden*

Er ist reich an organischer Substanz, sehr dicht und sehr feucht. Auch muss er ständig mit der Gabel oder per Anbau tief wurzelnder Pflanzen durchlüftet werden, damit die Kräuter keine »nassen Füße« bekommen.
**Humoser Lehmboden** eignet sich für:

- Kapuzinerkresse
- Petersilie
- Pfefferminze
- Zitronenmelisse

### *Durchlässiger Sandboden*

Er hat einen hohen Sandanteil, ist sehr wasserdurchlässig, mit relativ geringem Nährstoffanteil, da die Nährstoffe mit dem Wasser fortgespült werden. Dennoch ist er für einige Mittelmeerkräuter ein optimaler Boden.
**Sandboden** eignet sich für:

- Anis
- Fenchel
- Kerbel
- Koriander
- Meerrettich

- Oregano
- Russischen Estragon
- Thymian

### *Leichter Kalkboden*

Er ist alkalisch, besitzt also einen recht hohen pH-Wert. Er lässt Wasser schnell nach unten durchsickern, sein Nährstoffgehalt ist eher niedrig, er eignet sich daher für die »Asketen« unter den Gewürzkräutern.

Auf **Kalkboden** wächst:

- Bohnenkraut
- Majoran
- Rosmarin
- Wacholder

**Wer Gewürze selbst anbaut, kann ihre Reinheit bestens kontrollieren. Verzichten Sie auf Insektenschutzmittel, und achten Sie auf ein gesundes Erdreich. Selbst gezogene Kräuter sind ideal für eine gesunde und ausgewogene Ernährung.**

## *Licht- und Wärmebedarf*

Die überwiegende Anzahl der Gewürzkräuter kommt aus sonnig-warmen Gefilden. Sie gedeihen durchaus auch hierzulande, allerdings natürlich umso besser, je ähnlicher die Voraussetzungen denen ihrer sonnigen Heimat sind. Die Bedeutung der Licht- und Wärmeversorgung der Kräuter sollte nicht unterschätzt werden, da sie für das Aroma überaus wichtig ist.

Zu den wärmebedürftigen Südländern unter den Gewürzen zählen:

- Basilikum
- Bohnenkraut
- Borretsch
- Dill
- Fenchel
- Französischer Thymian
- Koriander
- Majoran

- Oregano
- Pfefferminze
- Rosmarin
- Salbei

Andere Kräuter kommen entweder aus hiesigen Gefilden, oder sie leben als »Eingereiste« bereits so lange hier, dass sie sich mit Regen und Kälte arrangiert haben. Zu den widerstandsfähigen Gewürzpflanzen gehören:

- Deutscher Thymian
- Estragon
- Kerbel
- Kresse
- Kümmel
- Liebstöckel
- Petersilie
- Schnittlauch

**Die Saattermine für die einzelnen Kräuterarten sind sehr unterschiedlich. Petersilie und Kresse beispielsweise ertragen auch Kälte und können daher bereits im März im Freiland gesät werden; andere Pflanzen wie Basilikum und Majoran sollten erst im Mai nach draußen kommen.**

## Aussaat und Pflanzung

Prinzipiell gibt es drei Möglichkeiten, um sich seine eigene Gewürzkultur hoch zu ziehen:

- Sie kaufen die vorgezogenen Pflanzen beim Gärtner, um sie dann einzusetzen.
- Sie kaufen die Samen und säen selbst aus.
- Wenn bereits ausdauernde (also nicht ein- oder zweijährige) Gewürze im Garten heimisch sind, lassen sie sich auch durch Teilung der Wurzelstöcke oder durch Stecklinge vermehren.

Die preiswerteste Alternative ist sicherlich das Aussäen, vor allem bei Kräutern, die man sehr häufig braucht, wie etwa Kümmel, Petersilie, Schnittlauch, Dill und Kresse. Achten Sie beim Kauf der Samen unbedingt auf das aufgedruckte Datum, mit dem der Hersteller die Keimfähigkeit garantiert!

## *Der Aussaat- und Erntekalender für Gewürze*

| Pflanze | Aussaat | Pflanzung | Ernte | Ökologische Vorteile |
|---|---|---|---|---|
| Basilikum | Juni | | Nach Bedarf | Guter Nachbar von Gurken |
| Beifuß | April | | Anfang August | Vertreibt Erdflöhe und Kohlweißlinge |
| Bockshornklee | Frühjahr | | Samen: Sommer | |
| Bohnenkraut | Frühjahr | Juni | Hochsommer | Dient als Bienenweide |
| Borretsch | Frühjahr | | Junge Blätter: Sommer | Hält Kohlparasiten fern |
| Dill | April–Mai | | Sommer | Zieht Schwebfliegen an |
| Estragon (russisch) | April–Mai | | Sommer | |
| Fenchel | Juli | | Samen: Herbst; Blätter: Sommer | |
| Gartenkresse | März–Juli | | 10 – 14 Tage nach Aussaat | |
| Kapuzinerkresse | Mai–Juni | | Sommer | Hält Ameisen fern |
| Kerbel | März–April | | Junge Blätter: Sommer | Schützt vor Ameisen und Schnecken |
| Knoblauch | | Herbst oder Frühjahr | Spätsommer | Hält Mäuse fern |

## *Der Aussaat- und Erntekalender für Gewürze*

| Pflanze | Aussaat | Pflanzung | Ernte | Ökologische Vorteile |
|---|---|---|---|---|
| Koriander | April–Mai | | Samen: Spätsommer; Blätter: Sommer | Wichtige Bienenweide |
| Liebstöckel | März oder August | | Sommer oder Herbst | |
| Kümmel | August | | Herbst | Bodenlockernd |
| Majoran | Juni | | Sommer | |
| Meerrettich | | Frühjahr | Oktober | |
| Petersilie | Juni–August | | Während des ganzen Jahres | |
| Pfefferminze | Frühjahr | | Blätter und blühende Stängel: Juni | Hält Kohlweißlinge fern |
| Pimpinelle | März–April | | Sommer | |
| Oregano | März–April | Mai | Hochsommer | |
| Rosmarin | | Frühjahr | Junge Triebe, Blätter: Sommer | Hält Möhrenfliegen fern |
| Salbei | Mai–Juni | | Blätter und Triebe: Sommer | Wehrt Raupen, Läuse und Schnecken ab |
| Schnittlauch | März–April | | 8 Wochen nach der Aussaat | Wirkt gegen Mehltau |
| Thymian | | Mai | Sommer | Wehrt Raupen und Läuse ab |

# Gewürze richtig kaufen und lagern

***Kaufen Sie nicht mehr, als Sie Ihrer Schätzung nach innerhalb eines Jahres verbrauchen! Denn keine Verpackung ist so dicht, dass die Gewürze in ihr nicht an Aroma verlieren würden. Darüber hinaus gibt es noch viele kleine Details, die beim Einkauf beachtet werden sollten.***

**Die Lebensmittelüberwachung prüft hierzulande bei Gewürzen den Gehalt an ätherischen Ölen. So muss Pfeffer 0,7 Milliliter ätherische Öle auf 100 Gramm enthalten, ansonsten gilt er als erheblich wertgemindert.**

## *Der richtige Einkauf*

- Bei Gewürzen, deren Blätter oder Stängel verwendet werden (Basilikum, Beifuß, Bohnenkraut, Dill, Estragon, Fenchelblätter, Kresse, Korianderblätter, Liebstöckel, Petersilie und Pfefferminze) sowie bei Knoblauchknollen gilt: Frischware ist der getrockneten oder tiefgefrorenen Ware geschmacklich und medizinisch überlegen.
- Saisonal angebotene Kräuter im Bund sind aromaintensiver als Treibhausware, die das ganze Jahr über angeboten wird. Kaufen Sie daher im Winter besser getrocknete, im Geschmack kräftige Kräuter wie Thymian, Rosmarin oder Salbei. Zu den anderen Jahreszeiten kaufen Sie dann saisonale Frischkräuter.
- Kaufen Sie möglichst wenig pulverisierte Gewürze! Aufgrund der größeren Oberfläche können auch die flüchtigen Öle der Pflanzensubstanz schneller entweichen und Schadstoffe und Parasiten schneller in die Pflanzensubstanz eindringen.
- Die meisten Supermärkte bieten eine Fülle von Gewürzpulvern an, die nur noch entfernt an ihren ursprünglichen Geschmack erinnern. Wenn Sie bereit sind

*Scharfes mit Signalfarbe: Chilischoten zeigen schon durch ihr Aussehen, was an Würzkraft in ihnen steckt.*

für eine echte Gewürzküche, dann suchen Sie lieber kompetenten Rat bei einem guten Fachhändler! Auf den Wochenmärkten finden Sie oft gut bestückte Gewürzanbieter, die Ihnen mit vielen Tipps und sachkundiger Auskunft die Welt der Gewürze öffnen können.

▶ Achten Sie beim Einkauf getrockneter Gewürze auf die kräftige Farbe und den vollen, nicht muffigen Geruch. Nehmen Sie keine Früchte und Schoten, die rissig, geschrumpft oder hohl aussehen.

▶ Kaufen Sie Gewürzsamen nicht in vorgepackten Säckchen, die voller Staub und Pulver sind.

▶ Gewürze kommen meistens aus Ländern der Dritten Welt. Die in den gängigen Lebensmittelgeschäften erhältlichen Gewürze werden über Zwischenhändler und Konzerne geliefert, die den Großteil des Verkaufserlöses für sich abschöpfen. Alternativ produzierte, oft schmackhaftere und gesündere Produkte erhalten Sie in alternativ orientierten Gewürz- und Naturkostläden.

**Ganze Knollengewürze wie Knoblauch oder Ingwer lagern am besten in luftdurchlässigen Körben oder Tontöpfen, da sie sonst schnell verfaulen.**

In einigen Ländern werden die Gewürze mit radioaktiven Strahlen behandelt, um sie zu entkeimen. In Deutschland ist dieses Verfahren bislang verboten, weil man hierzulande keine Notwendigkeit für dieses Verfahren sieht, da, wie das Bundesgesundheitsamt betonte, »die gegenwärtigen Verfahren zur Haltbarmachung und Entkeimung vollkommen ausreichend sind.«

## Die richtige Lagerung für Frischgewürze

▶ Frische Gewürze wie Dill, Petersilie und Basilikum wickeln Sie zum Lagern in Frischhaltefolien oder Küchenpapier ein und deponieren sie im Gemüsefach des Kühlschranks. Dort halten sie sich drei bis fünf Tage.

▶ Basilikum, Bohnenkraut, Dill, Estragon, Kerbel, Petersilie, Liebstöckel und Schnittlauch lassen sich sehr gut einfrieren. Dafür werden die gewaschenen, trockengetupften und fein gehackten Kräuter in die Fächer eines Eiswürfelbehälters gegeben. Darüber gießt man Wasser und lässt es gefrieren. Danach löst man die Würfel aus dem Behälter und füllt sie in Gefrierbeutel.

**Zum Trocknen von Kräutern ist auch ein Backofen geeignet. Dazu werden die Pflanzen locker auf einem Küchenpapier ausgebreitet und bei 30 bis 50 °C (wenn möglich mit Umluft) getrocknet. Die Zeit hängt von der Kräutermenge ab.**

## *Lagerung für Trockengewürze*

- Das Trocknen ist vor allem für Kräuter mit kräftigen Aroma nützlich. Das gilt für Bohnenkraut, Lorbeer, Pfefferminze, Rosmarin, Oregano, Thymian und Salbei.
- Wer seine Kräuter selbst trocknen will: Die Kräuter werden am Stängel zu Bündeln zusammengebunden und dann an einem dunklen, luftigen Platz aufgehängt.
- Ihre Trockengewürze lagern Sie an kühlen Orten, die keinen größeren Temperaturschwankungen unterworfen sind. Vermeiden Sie auch Wasserdampf in der Nähe!
- Lagern Sie Ihre Trockengewürze lichtgeschützt weit ab vom Fenster! Denn gerade die UV-Strahlen der Sonne können ätherischen Ölen den Garaus machen.
- Getrocknete Gewürze gehören – verpackt in luftdichten Behältern aus Aluminium oder abgedunkeltem Glas – in einen Schrank. Ganze Gewürze halten sich auf diese Weise bis zu zwei Jahre.
- Plastikbehälter sind nur bedingt geeignet. Polyäthylen nämlich ist durchlässig für ätherische Öle und daher nur für ölärmere Gewürze geeignet. Behälter aus Polystyrol werden sogar von den aktivierten Scharfstoffen und Säuren aus diversen Gewürzpulvern angegriffen! Ähnliches gilt für Polyvinylchlorid (PVC).
- Nur ein Gefäß für ein Gewürz! Ein Behälter sollte nicht hintereinander mit unterschiedlichen Gewürzen gefüllt werden, denn dies provoziert Geruchs- und Geschmacksverfälschungen.

*SALVIA. Off.*
Salvia officinalis. *Bot*
*Salbey.*

# Gewürzlexikon von A bis Z

*Es gibt Hunderte von Gewürzen, die in verschiedenen regionalen Züchtungen verschiedene Aromen hervorbringen. Aus der Fülle des Gewürzreichtums sind im Folgenden die 38 wichtigsten Möglichkeiten der Verfeinerung von Speisen herausgesucht. Viele weitere Gewürze warten darauf, in Ihrer Küche entdeckt zu werden. Mit ein wenig Experimentierfreude können Sie unendlich viel Abwechslung in Ihre Speisen bringen.*

## Ajowan

Die ursprüngliche Heimat des Ajowans ist Südindien, dort wird er auch heute noch am häufigsten verzehrt, wobei er sowohl als Zutat zu Currymischungen als auch als Medikament verarbeitet wird. Hauptlieferanten sind neben Indien Ägypten, Iran und Pakistan.

**Botanisch ist Ajowan mit dem Kümmel verwandt, geschmacklich ähnelt er dem Thymian, dem er allerdings an Geschmacksintensität überlegen ist.**

### Die Hauptwirkstoffe

- Thymol: wirkt antibiotisch und entkrampfend auf die glatten Muskeln der Atem- und Verdauungswege
- Gerbstoffe: verändern Eiweißstrukturen und entziehen dadurch schädlichen Bakterien in den Darmwänden die Überlebensgrundlage

### Die medizinischen Wirkungen

Ajowan hilft bei:

- Blähungen
- Bronchitis
- Darmentzündungen und -koliken

*Nicht nur für's Schnitzel: Salbei wird seit Jahrhunderten als Heilkraut geschätzt.*

In Form von Mundwasser und Zahncreme (das Ajowanpulver einfach in heißem Wasser lösen bzw. in der Zahncreme verrühren) eignet er sich als antiseptischer und wohlriechender Zusatz für die Zahnpflege.

## Anwendung in der Küche

Getrocknete Ajowansamen schmecken nach dem Zerstoßen sehr aromatisch, allein für sich genossen sogar scharf und bitter. Erst in gekochten oder gebackenen Speisen werden sie erträglich, dort erinnern sie dann aufgrund ihres hohen Thymolanteils (bis zu 60 Prozent) stark an Thymian. Im Unterschied zu diesem ist Ajowan jedoch »kooperativer« mit anderen Gewürzen, er unterstützt vor allem den Geschmack von Ingwer.

**Ajowan ist in Indien sehr verbreitet, er wird dort gern zum Würzen von Brot (z. B. Paratha) eingesetzt. Zusammen mit Ingwer wird er dort außerdem häufig in Currymischungen verarbeitet.**

Ajowan passt vor allem zu Speisen mit hohem Stärkegehalt, also zu Kartoffeln, Gebäck und Brot, sowie zu Hülsenfrüchten und Wurzelgemüse, deren Verdaulichkeit durch Ajowan erheblich verbessert wird. Ajowangebäck schmeckt ausgezeichnet zu grünem oder schwarzem Tee, in Vorderasien wird das Gewürz gern zum Anrichten von Fischgerichten verwendet.

## Einkauf

Kaufen Sie nur ganze Ajowansamen, die dann erst kurz vor dem Gebrauch im Mörser zerstoßen werden. Man erhält die Ajowansamen im indischen oder pakistanischen Lebensmittelfachgeschäft oder in gut sortierten Gewürzhandlungen.

### *Das Ajowanrezept*

**Ajowan-Dinkel-Brei zum Frühstück (für 2 Portionen)**
**Zutaten:** *500 ml Vollmilch • 6 gehäufte EL Dinkelgrieß*
*20–30 Sultaninen • 2 TL Ghee (Butterreinfett)*
*1 TL pulverisierter Ingwer • 1 TL pulverisierter Ajowan*

Milch, Dinkelgrieß und Sultaninen in einem Topf unter Rühren erhitzen (nicht kochen!). Dann das Ghee sowie den Ingwer und den Ajowan hinzugeben, alles kurz aufkochen lassen. Die Mischung bei niedriger Hitze etwa 5 Minuten quellen lassen.

## Basilikum

*Basilikum im typischen Grün. Im August und September kommt aber oft auch rotblättriges Basilikum auf den Markt. Es schmeckt ein bisschen nach Fenchel und Ingwer.*

Basilikum verdankt seinen Namen dem griechischen »basileus« (= König), es ist also das »Kraut der Könige«. Seine ursprüngliche Heimat ist Indien, wo es in der Ayurvedalehre eine nicht unerhebliche Rolle spielt. In Deutschland werden mittlerweile vier Sorten Basilikum gezüchtet, die sich wohl in ihrer Blattgröße, weniger aber in ihrem Wirkstoffprofil und Geschmack unterscheiden. Basilikum kann auf der Terrasse oder dem Balkon problemlos im Eigenanbau aufgezogen werden. Auch der Lebensmitteleinzelhandel stellt gute, brauch- und haltbare Pflanzen zur Verfügung.

### Die Hauptwirkstoffe

- Ätherisches Öl mit Estragol und Linalool als Hauptwirkstoffen: antibiotisch und krampflösend im Darm
- Karotinoide: Krebs und entzündungshemmend. Karotinoide bilden außerdem die Vorstufe zu Vitamin A.
- Eisen: Mit 7,3 Milligramm auf 100 Gramm gehört Basilikum zu den Eisenlieferanten der ersten Qualität. Es eignet sich dadurch zur Behandlung und Vorbeugung von Blutarmut.
- Kalzium: Wegen seines hohen Kalziumanteils sollte Basilikum auf dem Speiseplan von Kindern stehen.

## Die medizinischen Wirkungen

Basilikum hilft bei:
- Blähungen
- Blutarmut
- Osteoporose
- Unterleibskrämpfen
- Vitamin-A-Mangel

## Anwendung in der Küche

**Basilikum ist ein Universalgewürz, das für fast jedes Gericht verwendet werden kann. Dennoch wird es hierzulande recht wenig eingesetzt. Die fleißigsten Basilikumköche sitzen vielmehr in Italien und Griechenland.**

Wenn man Basilikum zwischen den Fingern zerreibt, entfaltet es zunächst ein Melissenaroma, später riecht es eher nach Gewürznelken. Sein Geschmack ist pfeffrig-kühl, leicht scharf und säuerlich. Basilikum passt zu Fisch, Geflügel, Fleisch, Joghurt, Quark, Rohkost, Gemüse und Sauerkonserven. Wichtig für heiße Speisen: Die Basilikumblättchen erst kurz vor der Verwendung von den Stielen zupfen und nicht mitkochen! Besonders beliebt ist Basilikum mit Tomate – zusammen mit Mozzarella ist schnell eine köstliche Vorspeise zubereitet.

## Einkauf

Basilikum sollte am besten frisch gekauft werden, die getrocknete Ware besitzt in der Regel nur noch wenig Würzkraft.

### *Das Basilikumrezept*

**Ziegenkäse Provence für den gesunden Brotbelag**
**Zutaten**: *100 g Quark (20 oder 30% Fett) • 100 g Ziegenfrischkäse • 1 Knoblauchzehe • 1 Messerspitze Oregano • 1 TL gehackte Basilikumblätter • Salz, Pfeffer*
Quark und Ziegenkäse zu einer glatten Creme verrühren. Gepressten Knoblauch, Oregano und Basilikum zufügen, mit Salz und Pfeffer abschmecken.

## Beifuß

Früher wurde kaum eine Gans oder Ente gebraten, ohne dass etwas Beifuß zu ihrer Würze verwendet worden wäre. Heute ist er in den Küchen leider etwas in Vergessenheit geraten – zu Unrecht, denn kaum ein anderes Gewürz entfaltet bei derart niedrigen Dosierungen so intensive Geschmacksnoten wie der Beifuß.

*Beifuß ist ideal für die Behandlung von vielen Zivilisationskrankheiten.*

### Die Hauptwirkstoffe

- Gerbstoffe: schützen die Darmwände vor Parasiten
- Bitterstoffe: regen den Appetit sowie Speichel-, Magensaft- und Gallenfluss an und machen darum fette Fisch- und Fleischspeisen leichter verdaulich
- Ätherische Öle: wirken antibiotisch
- Fluor: 100 Gramm Beifuß enthalten 50 Mikrogramm Fluor, damit gehört die Pflanze zu den wichtigen Lieferanten des zahnschmelzhärtenden Minerals.

### Die medizinischen Wirkungen

Beifuß hilft bei:

- Abwehrschwäche
- Karies
- Hohen Cholesterinwerten

Äußerliche Anwendungen in Form von Beifußbädern helfen bei Fußpilz; hier kommen neben den Zweigspitzen auch die Blätter und Stängel zum Einsatz. Nehmen Sie 1 Tasse des Krauts auf 1 Liter heißes Wasser.

Getrockneter Beifuß, als Leinensäckchen in den Kleiderschränken deponiert, hilft gegen Motten.

## Anwendung in der Küche

Frischer Beifuß bleibt im Kühlschrank etwa zwei Tage einsatzfähig. Getrocknet hält er sich in dunklen, gut verschlossenen Behältern etwa sechs Monate.

Der Zweitname des Beifußes, Gänsekraut, zeigt, dass er früher in großem Umfang zum Würzen von Gänsebraten eingesetzt wurde. Er kann aber auch anderem Fleisch mit hohem Fettgehalt, wie etwa Schweinebraten, zugegeben werden; für Schlachtplatten ist er allerdings weniger geeignet. Ausgezeichnet schmeckt Beifuß zu Aal, der durch das bittere Kraut auch leichter verdaulich wird. Wichtig ist in jedem Fall, den Beifuß – aufgrund seiner Bitterstoffe – recht sparsam zu dosieren.

## Einkauf

Beifuß gehört zu den wenigen Gewürzen, die getrocknet ebenso gut schmecken wie frisch. Die getrocknete Ware enthält allerdings weniger Vitamine und ätherische Öle.

### *Das Beifußrezept*

**Aal grün, das deftige Fischgericht(für 4 Portionen)**
**Zutaten:** *1 kg frischer Aal • Salz, Pfeffer • 1 Zwiebel 120 ml Wasser • 120 ml trockener Weißwein • 50 g Butter • 1 EL gehackte Petersilie • 1 EL gehackter Dill 1 TL Beifuß • 2 Eigelbe • 1 Prise Mehl • Zitronensaft*
Die Aale gleich beim Einkauf abziehen und in etwa 5 Zentimeter lange Stücke schneiden lassen. Mit Essigwasser waschen und abtropfen lassen, schließlich salzen und pfeffern. Die Zwiebel abziehen und halbieren, zusammen mit dem Wasser und dem Wein aufkochen.
Die Aalstücke hinzugeben und 15 Minuten bei kleiner Hitze kochen lassen.
Währenddessen die Butter mit der Petersilie, dem Dill und dem Beifuß in einem Mixer zu einer Kräutercreme vermischen.

Die Aalstücke aus dem Sud nehmen und warm stellen, die Zwiebelhälften herausnehmen und entfernen. Den verbleibenden Sud mit der Kräuterbutter verrühren, am besten mit einem Schneebesen. Kurz aufkochen, dann von der Kochstelle nehmen. Die Eigelbe mit der Prise Mehl unterrühren, dann das Gericht mit Zitronensaft abschmecken.

Die grüne Sauce über die warmen Aalstücke gießen. Als Beilage empfehlen sich schlichte Dampf- oder Salzkartoffeln.

**Wer Beifuß selbst anbaut, sollte wissen, dass nur die Zweigspitzen zum Gewürz taugen. Der beste Erntezeitpunkt ist kurz vor der Blüte.**

## Bohnenkraut

*Schon die Römer würzten mit Bohnenkraut – und schätzten es als Aphrodisiakum.*

Unter dem Begriff »Bohnenkraut« werden zwei Pflanzen zusammengefasst, nämlich das aus dem östlichen Mittelmeergebiet stammende Sommer- und das von Südeuropa bis Russland verbreitete Winterbohnenkraut. Beide Pflanzen wurden bereits im antiken Rom als Heilpflanzen gegen Husten und Darmbeschwerden eingesetzt. Heute dominiert ihre Funktion als Gewürz.

### Die Hauptwirkstoffe

- Gerbstoffe: schützen die Darmwände vor Parasiten
- Ätherische Öle (vor allem Zymol und Karvakrol): wirken antibiotisch

### Die medizinischen Wirkungen

Bohnenkraut hilft bei:

- Blähungen
- Darmentzündungen
- Husten

## *Anwendung in der Küche*

Bohnenkraut schmeckt scharf, pfefferartig brennend und verbreitet einen intensiven aromatischen Geruch. Schon der Name deutet an, dass es vor allem zum Würzen von Bohnengerichten geeignet ist. Man darf den getrockneten Zweig aber nur ein paar Minuten mitkochen lassen, weil der Geschmack sonst zu intensiv wird. Darüber hinaus passt Bohnenkraut zu Salaten, Saucen, Suppen, Gemüse und Fleisch, wobei sich eine sparsame Anwendung empfiehlt. Bei eingelegten Gurken kann man allerdings etwas mutiger mit ihm würzen.

**Zu Speisen mit frischen oder aus dem Tiefkühlfach kommenden Bohnen schmeckt am besten das frisch gepflückte Sommerbohnenkraut, zu Speisen mit getrockneten oder aus der Dose kommenden Bohnen passt eher das Winterbohnenkraut.**

## *Einkauf*

Bohnenkraut gibt es frisch oder getrocknet, die Trockenware besitzt mehr Würzkraft. Kaufen Sie möglichst Ware, in der die Blätter nicht zu klein gehackt wurden, am besten sind die kompletten Zweige.
Frisches Kraut kann im Frischhaltebeutel eingewickelt und dann für drei Tage im Kühlschrank aufbewahrt werden. Das getrocknete Kraut hält sich im gut verschließbaren Gefäß etwa ein Jahr.

### *Das Bohnenkrautrezept*

**Bunter Bohnensalat (für 4 Portionen)**
**Zutaten:** *250 g grüne Bohnen • 250 g Wachsbohnen 2 Zweige Bohnenkraut • 1 Zwiebel • 100 g durchwachsener Räucherspeck • 2 EL Speiseöl • 3 EL Zitronensaft • 2 EL Obstessig • Salz, Pfeffer • 2 feste Birnen*
Beide Bohnensorten waschen und putzen. In zwei Töpfen etwas Salzwasser aufkochen lassen, jeweils 1 Zweig Bohnenkraut und die Bohnen getrennt nach Sorten hineingeben. Die Bohnen zugedeckt bissfest garen (etwa 10 bis 15 Minuten).

In der Zwischenzeit für das Dressing die Zwiebel abziehen und würfeln. Den Speck von Schwarte und Knorpeln befreien und ebenfalls würfeln. Das Öl in der Pfanne erhitzen, den Speck darin knusprig braten, dann die Zwiebelwürfel hinzugeben und leicht anbraten.
Die Speck-Zwiebel-Mischung in eine Schüssel umfüllen, mit 1 Esslöffel Zitronensaft und dem Essig anreichern. Das Ganze mit Pfeffer abschmecken.
Die gekochten Bohnen in ein Sieb abgießen und gut abtropfen lassen, anschließend in dem Speckdressing wenden und etwas ziehen lassen.
Die Birnen waschen und gründlich abreiben, dann entkernen und vierteln. Die Viertel in Spalten schneiden und sofort mit Zitronensaft beträufeln. Bohnen und Birnen miteinander vermischen, bei Bedarf noch etwas Pfeffer darüber mahlen.

*Borretsch trägt einen arabischen Namen, der sich von »sabu radj« (=Vater des Schweißes) ableitet, was sich auf die schweißtreibende Wirkung von Borretschtee bezieht.*

## Borretsch

Das aus Borretschsamen gewonnene Öl zählt heute zu den wirksamen Medikamenten gegen Neurodermitis. Zum Würzen werden jedoch die Blätter der Pflanze verwendet; sie besitzen keine therapeutische Wirkung.

### Die Hauptwirkstoffe

- Gerbstoffe: schützen die Darmwände vor Parasiten
- Kieselsäure: entzündungshemmend, unterstützt den Aufbau von Nägeln und Haaren
- Pyrrolizidinalkaloide: können in hoher Dosierung und bei längerer Anwendung giftig und Krebs erregend sein. Man findet

sie nur in den Blättern, nicht in den Samen. Vor der Anwendung der Borretschblätter als Medikament muss daher abgeraten werden, vor allem auch deswegen, weil ihre medizinischen Wirkungen (hustenstillend, entzündungshemmend) von anderen Heil- und Gewürzpflanzen (wie etwa Thymian oder Salbei) weitaus besser erzielt werden.

**An der ligurischen Küste von Italien benutzt man Borretschblätter als Füllung für Ravioli oder kocht sie wie Spinat. Aufgrund seiner problematischen Alkaloide sollte man ihn jedoch nicht täglich in großen Mengen essen.**

## *Anwendung in der Küche*

Borretsch schmeckt frisch und würzig, erinnert ein wenig an Gurke (daher auch sein Zweitname »Gurkenkraut«). Die frischen Blätter müssen recht klein gehackt werden, da sie sonst aufgrund ihrer starken Behaarung ein unangenehmes Gefühl auf der Zunge hinterlassen. Borretsch passt gut zu Gurke, aber auch zu kaltem Fleisch. Bei Kochgemüse eignet er sich vor allem als Würze zu Kohlgerichten. Mit saurer Sahne und gehackten Nüssen vermischt, schmeckt er gut als Brotaufstrich.

## *Einkauf*

Borretsch schmeckt am besten frisch, getrocknet besitzt er nur noch wenig von seinem Aroma. Die frischen Blätter welken rasch, lassen sich allerdings gut einfrieren.

### *Das Borretschrezept*

**Spinat-Borretsch-Auflauf (für 4 Portionen)**
**Zutaten:** *600 g Spinat • 400 g Borretsch • 70 g Butter 2 Knoblauchzehen • 50 g Mehl • 200 g Schlagsahne • Salz frisch gemahlener schwarzer Pfeffer • 1 Messerspitze geriebene Muskatnuss • 4 Eier • 150 g fein geraspelter Allgäuer Bergkäse • 1 EL Butter • 2 EL Semmelbrösel*
Spinat und Borretsch entstielen und waschen. Die Hälfte der Butter in einem großen Topf schmelzen und

den fein gehackten Knoblauch zufügen. Spinat und Borretsch zugeben und nur mit dem abhängenden Wasser dämpfen, bis die Blätter zusammenfallen. Mit dem Sieblöffel herausnehmen, ausdrücken und hacken.
Die andere Hälfte der Butter in einer Kasserolle schmelzen, darin das Mehl hell anschwitzen und mit der Sahne ablöschen. Das Gemüse zugeben, mit Salz, Pfeffer und Muskatnuss würzen. Etwas abkühlen lassen, die 4 Eigelbe und den Käse unterrühren. Das Eiweiß zu steifem Schnee schlagen und vorsichtig unter die Masse heben.
Eine Auflaufform ausbuttern, mit Semmelbröseln ausstreuen und die Spinat-Borretsch-Masse einfüllen. Den Auflauf im vorgeheizten Backofen bei 200 °C (Gas Stufe 3) in der mit heißem Wasser (ca. 2 Zentimeter hoch) gefüllten Fettpfanne 30 bis 40 Minuten garen. Aus der Form stürzen und warm servieren.

**Früher rieben sich hierzulande die Bräute Senf hinter die Ohren und legten sich frisches Dillkraut in die Schuhe. Dazu sagten sie folgenden Spruch: »Ich habe Senf und Dill, mein Mann muss tun, was ich will.«**

## *Dill*

Dillsamen wurden früher nervösen Kindern als eine Art Beruhigungskaugummi verabreicht, daher auch sein aus dem Altnorwegischen stammender Name von »dilla« (= einlullen). Heute allerdings kommt fast nur noch das Dillkraut zum Einsatz.

### *Die Hauptwirkstoffe*

▶ Mineralien: Mit sieben Prozent Mineralanteil – bezogen auf seine Trockenmasse – hält der Dill innerhalb der Heil- und Würzpflanzen den Mineralienrekord. Überragend sind mit 647 und 230 Milligramm auf 100 Gramm Kraut die Kalium- und Kalziumanteile von Dill. Aufgrund dieser Werte zählt er zu den harntreibenden Mitteln, gleichzeitig hilft er bei Knochenschwund.

- Karotinoide: entzündungs- und Krebs hemmend, bilden außerdem die Vorstufe zu Vitamin A

## Die medizinischen Wirkungen

Dillkraut hilft bei:
- Harnsteinleiden
- Osteoporose
- Vitamin-A-Mangel

Aufgrund seiner extrem hohen Karotinanteile schützt Dillkraut außerdem vor Krebserkrankungen.

*Dill lässt sich gut einfrieren. Am besten legen Sie ihn fein gehackt mit etwas Wasser in Eiswürfelschalen.*

## Anwendung in der Küche

Dillkraut gehört zu den wenigen Gewürzen, die hierzulande häufiger verwendet werden als in den Mittelmeerländern. Es wird traditionell zum Würzen von Gurken, Blattsalaten, Joghurt, Quark und hellen Fischsaucen eingesetzt. Dill verträgt keine Hitze, deshalb nur kurz, am besten gar nicht mitkochen!

## Einkauf

Dillkraut schmeckt am besten frisch. Achten Sie beim Kauf darauf, dass sich in der Ware keine gelben oder schwarzen Spitzen befinden.

### *Das Dillrezept*

**Schwedische Dillsauce zu Fisch und Hackfleisch**
**Zutaten:** *2 EL Butter • 2 EL Mehl • 400 ml Fleischbrühe • 3 EL gehackter Dill • 1 EL Weinessig • 1 Ei Salz, Pfeffer*
Butter bei geringer Hitze zerlaufen lassen, unter ständigem Rühren das Mehl hinzugeben. Danach die Fleisch-

brühe hinzugießen und ständig rühren, bis die Sauce glatt wird. Erst jetzt kommen Dill und Essig hinzu. 3 Esslöffel der Sauce aus dem Topf nehmen, mit dem Ei verquirlen und wieder in den Topf geben. Glatt rühren und vom Herd nehmen. Mit Salz und Pfeffer abschmecken.

## Estragon

Der Estragon kam aus den sibirischen und mongolischen Steppen zu uns; wahrscheinlich waren es die Kreuzfahrer, die ihn nach Europa brachten. Heute wird er vor allem in Frankreich gezüchtet, wo er auch eine wichtige Rolle in der Küche spielt. In Spanien und Italien ist er hingegen fast unbekannt, auch hierzulande wird er eher selten verwendet. Dabei ist er gerade für Salate und Fleischspeisen eine echte Bereicherung.

**In unseren Breiten gibt es vor allem zwei Sorten Estragon, den russischen und den deutschen. Der russische ist aufgrund seiner Winterhärte für den Eigenanbau im Garten oder auf dem Balkon besser geeignet, er ist aber etwas schwächer im Aroma.**

### Die Hauptwirkstoffe

- Ätherische Öle: harntreibend und anregend für die Verdauung
- Kalium: Mit 450 Milligramm auf 100 Gramm enthält Estragon große Mengen des Minerals. Kalium wird zum reibungslosen Ablauf der Muskelarbeit benötigt und fördert außerdem die Urinausscheidung.

### Die medizinischen Wirkungen

Estragon hilft bei:

- Harnsteinleiden
- Verdauungsträgheit

### Anwendung in der Küche

Estragon riecht süßlich, schmeckt aber leicht bitter und würzig-frisch. Das frische Kraut ist sehr würzintensiv, sollte daher nur sparsam verwendet werden. Am intensivsten schmeckt er zusammen mit Zitronensaft und Essig, er neigt dann allerdings auch schnell dazu, andere Gewürze mit seinem Aroma zu überdecken.

*Früher trug man ein Bündel Estragon in der Tasche, um sich gegen Schlangenbisse zu schützen.*

Estragon steht für eine französische Küche. In der berühmten Sauce Vinaigrette passt er zu Spargel, Artischocken, Champignons und Blumenkohl, seine mild-pfeffrige Schärfe schmeckt aber auch zu Fleischbrühen, Aspikgerichten, Schwarzwurzeln, Kartoffelpüree, Fleisch- und Fischragouts sowie zu Eier- und Innereiengerichten. Eine leichte Prise des Krauts lässt auch die meisten Salate an Geschmack gewinnen. Mutige Köche scheuen sich auch nicht, ein wenig Estragon über Obstsalate zu streuen.

Auch die indonesische und die chinesische Küche setzt in ihren Reisgerichten gern auf Estragon. Das Kraut besteht jedoch auf seiner eigenen Gewürznote, in Kombination mit traditionellen Chinagewürzen wie Ingwer und Gelbwurz wirkt er eher aufdringlich.

**Das Champignonragout schmeckt sehr gut mit Knoblauchbrot. Alternativ zu den Champignons kann man auch ein Ragout mit Steinpilzen zubereiten.**

## Einkauf

Kaufen Sie den Estragon am besten frisch, oder ziehen Sie ihn eigenhändig auf dem Balkon oder im Garten hoch.

### *Das Estragonrezept*

**Grünes Champignonragout (für 2 Portionen)**
**Zutaten:** *500 g frische Champignons • 1/2 Zwiebel 3 EL Pflanzenöl • 1 EL Butter • 1 EL gehackte Petersilie • 1 EL gehackter Dill • 1 TL Thymian 1 gepresste Knoblauchzehe • 1 EL Estragon*

Die Pilze putzen, waschen und sorgfältig abtropfen lassen. Die Zwiebel abziehen und in kleine Stückchen hacken.
Das Öl erhitzen, die Zwiebelstücke kurz darin anbraten. Die Champignons hinzugeben und unter Rühren 10 Minuten garen. Dann die Butter und die übrigen Zutaten daruntermischen.

## Fenchelsamen

*Vom Fenchel sind auch die frischen Blätter in der Küche verwendbar, man findet sie – klein gehackt – in vielen Würzmischungen. Sie enthalten zahlreiche Vitamine.*

Fenchel gehört zu den ältesten Heil- und Gewürzpflanzen, die es gibt. Antike Naturheiler schätzten ihn als harntreibende Medizin sowie zur Behandlung von Schlangen- und Hundebissen. Pfarrer Kneipp hielt ihn für einen unverzichtbaren Bestandteil jeder Hausapotheke, weil seine Körner so trefflich bei Koliken helfen würden.
Der Stand heute: Die Fenchelsamen werden hierzulande überwiegend für Teezubereitungen gegen Darmbeschwerden eingesetzt. Ganz im Unterschied zu Italien und Frankreich: Hier zählt Fenchel als eines der wichtigsten Gewürze in der Küche und wird beim Kochen sehr geschätzt.

### Die Hauptwirkstoffe

- Ätherische Öle, vor allem Anethol: anregende Wirkung auf die Schleimhäute der Luft- und Darmwege. Außerdem wirkt Anethol krampflösend und antibiotisch. Dadurch wird Fenchel zu einer wichtigen Heilpflanze bei Infektionen und Entzündungen von Bronchien und Darm.

## *Die medizinischen Wirkungen*

Fenchel hilft bei:

- Blähungen
- Dreimonatskoliken bei Babys
- Durchfall
- Husten
- Magenkrämpfen

**Durch die Fenchelsamen bekommen Mangos und Orangen einen warmen Charakter, so dass man sie – obgleich erfrischend – auch an kalten Tagen essen kann.**

## *Anwendung in der Küche*

Fenchelsamen duften wie Anis, und auch ihr Geschmack ist ähnlich: warm und duftend, allerdings weniger süß als Anis. In Frankreich und Italien schätzt man ihn als Gewürz zu Fisch, Schweinefleisch, Kalbfleisch und Salaten, die italienische Salami Finocchiona bekommt erst durch Fenchel ihren unverwechselbaren Geschmack.
Fenchel eignet sich zur Würze von Fischmarinaden und zum direkten Würzen von Bratfisch; Kohlspeisen werden durch ihn bekömmlicher. Alte Kartoffeln werden – wenn man sie mit Fenchel zusammen kocht – wieder wie neu.

## *Einkauf*

In Deutschland erhält man in der Regel zwei Fenchelqualitäten: den Kamm- oder Traumelfenchel mit 4,5 Prozent ätherischem Öl und den Strohfenchel mit 3,5 Prozent ätherischem Öl. Der Erstgenannte ist gesünder, der Zweitgenannte ist allerdings besser mit anderen Gewürzen kombinierbar.

### *Das Fenchelrezept*

**Mangofrucht mit Fenchel (für 4 Portionen)**
**Zutaten:** *1 Mango • 2 Orangen • 1/2 TL gemahlene Fenchelsamen • 1 EL Crème fraîche • 2 EL Joghurt*

*1 EL Zitronensaft • Salz • 1 Prise Cayennepfeffer*
*20 g geröstete Kürbiskerne*

Die Mango schälen, das Fruchtfleisch in Spalten vom Kern lösen und würfeln.

Die beiden Orangen gründlich schälen; die weiße Haut sollte möglichst komplett entfernt werden. Das Fruchtfleisch von den Zwischenhäuten lösen. Die Orangenscheiben mit den Mangospalten und Fenchelsamen in eine Schüssel geben und gut durchmischen.

Crème fraîche, Joghurt, Zitronensaft, Salz und Cayennepfeffer zu einer Sauce verrühren und über die Früchte gießen. Zum Schluss werden die Kürbiskerne über die einzelnen Portionen gestreut.

## Galgant

Ursprüngliche Heimat des Galgants ist Südchina, wo er auch heute noch in großem Stil angebaut und verwendet wird. Arabische Ärzte machten ihn im frühen Mittelalter in Europa bekannt, die Heilige Hildegard von Bingen nahm ihn in ihr Heilpflanzensortiment auf. Auch heute wird er noch zu therapeutischen Zwecken genutzt, als Gewürz spielt er bedauerlicherweise in Deutschland kaum eine Rolle.

*Galgantwurzeln werden oft mit Galanawurzeln verwechselt. Es handelt sich dabei jedoch um zwei unterschiedliche Pflanzen, die ähnliche Würzeigenschaften haben.*

### Die Hauptwirkstoffe

▸ Ätherische Öle: im Bauchbereich krampflösend, verdauungsfördernd und zusammen mit den scharfen Harzen des Galgants appetitanregend. Galgant wird deshalb in China gern als Kräftigungsmittel bei Abmagerung und Schwächezuständen verschrieben.

- Flavonoide: das Immunsystem stärkend und entzündungshemmend

## Die medizinischen Wirkungen

Galgant hilft bei:

- Appetitmangel
- Darmkrämpfen
- Körperlicher und geistiger Erschöpfung
- Magenkrämpfen
- Müdigkeit

**Galgant wird in der asiatischen Küche gern zum Zubereiten von Currymischungen hergenommen. Dabei kommt meist der hellgelbe Galgant zum Einsatz, den es bei uns kaum zu kaufen gibt.**

## Anwendung in der Küche

Geschmacklich erinnert Galgant an Ingwer, er ist allerdings etwas schärfer. Er eignet sich zu Geflügel, vor allem in Kombination mit Ingwer, Koriander oder Kurkuma. Darüber hinaus kann man ihn auch als dominantes Gewürz in cremigen Suppen einsetzen und zu Fisch, vor allem zu Hering verwenden.

## Einkauf

In Deutschland wird Galgant in drei Sorten angeboten, am bekanntesten ist der kleine Galgant aus China, Alpinia officinarum. Er besitzt auch die größten therapeutischen Einsatzmöglichkeiten; einige Getränkehersteller setzen die scharfe und verdauungsfördernde Wurzel ihren Magenbittern zu. Zum Würzen von Speisen besser geeignet ist jedoch der große Galgant (Alpinia galanga), da er weniger scharf im Geschmack ist.

Man erhält Galgant im chinesischen Lebensmittelgeschäft. Kaufen Sie am besten ganze Wurzelstücke, um dann kurz vor Gebrauch kleine Scheiben davon abzuschneiden und sie im Mörser zu pulverisieren. Fertig abgepacktes Galgantpulver aus dem Handel besitzt nur noch wenig Aroma.

Galgantwurzeln werden gern mit Gahamawurzeln verwechselt. Es handelt sich dabei um zwei unterschiedliche Pflanzen, die sich allerdings hinsichtlich ihrer Eigenschaften in der Tat ähnlich sind.

### *Das Galgantrezept*

**Hering mit Gemüse und Galgant (für 4 Portionen)**
**Zutaten:** *4 große Heringe • 1 Zwiebel • 3 Kartoffeln*
*3 Möhren • etwa 60 g Butter • 2 TL gemahlener Galgant*
*1 Messerspitze Muskat • 1 gepresste Knoblauchzehe*
*300 ml Gemüsebrühe • 1 Bund glatte Petersilie*
*Salz, Pfeffer*

Die Heringe schon beim Einkauf bratfertig herrichten lassen.

Die Zwiebel abziehen, die Kartoffeln schälen, die Möhren putzen. Alles in kleine Stücke oder Scheiben schneiden.

Im Schmortopf 40 Gramm Butter zerlassen und das Gemüse sowie Galgant, Muskatpulver und Knoblauch darin leicht anrösten. Die Gemüsebrühe hinzufügen und alles gut durchkochen lassen. Am Ende die gewaschene Petersilie klein hacken und hinzufügen.

Eine längliche Auflaufform mit Butter ausstreichen und die Heringe abwechselnd mit Kopf- und Schwanzende nebeneinander legen. Dann etwas von der Brühe aus dem Gemüsetopf darüber gießen. Die Form fest mit dem Deckel verschließen und zusätzlich mit einer doppelt gefalteten Alufolie abdichten.

Im vorgeheizten Backofen 6 Stunden (!) bei 150 °C (Gas Stufe 1) backen lassen. Das Gemüse noch einmal kurz erhitzen und zusammen mit dem Hering servieren.

Durch das 6-stündige Backen lösen sich die Gräten im Hering praktisch auf, so dass sie beim Verzehr kein größeres Problem mehr darstellen sollten.

**Das Galgant-Hering-Gericht hat mit sechs Stunden eine sehr lange Garzeit. Bedenken Sie jedoch, dass Sie beim Backen nicht anwesend sein müssen. Die eigentliche Zubereitungszeit beträgt gerade einmal 20 Minuten.**

## Gewürznelke

*Die Gewürznelke hat nichts mit unseren heimischen Nelkengewächsen zu tun. Es handelt sich bei ihr um die Blütenknospe eines immergrünen Baumes, der ursprünglich in den Molukken beheimatet war.*

Die Gewürznelke wurde bereits 1600 v. Chr. vom Ayurvedalehrer Bhavamisra beschrieben. Er wies auch schon auf ihre breiten therapeutischen Einsatzmöglichkeiten hin. In Deutschland wurden die »Gewürz-Nägelein« erstmals 973 n. Chr. erwähnt; auch die Heilige Hildegard zählte sie zu ihrem Heilpflanzensortiment. Bis heute stammt der größte Teil des Angebots aus Afrika, vor allem aus Madagaskar und aus Sansibar.

### Die Hauptwirkstoffe

▸ Eugenol: wirkt in starkem Maß hemmend auf das Wachstum von Viren und Bakterien. Zusammen mit dem Nelkenwirkstoff Karyophyllen entspannt Eugenol die Muskeln des Darms und der Atemwege. Eugenol konnte außerdem in zahlreichen Experimenten den Nachweis erbringen, die Ansammlung von Blutplättchen in den Blutgefäßen zu verhindern. Es muss daher zu den wirkungsvollen Heil- und Vorbeugungsmitteln der Arteriosklerose gezählt werden. In jüngerer Zeit konnten für Eugenol Krebs, schmerz- und entzündungshemmende Eigenschaften festgestellt werden.

### Die medizinischen Wirkungen

Gewürznelke hilft bei:

- Arteriosklerose
- Asthma bronchiale
- Bronchitis und Husten
- Darminfektionen
- Durchfallerkrankungen mit Krämpfen

- Migräne und Kopfschmerzen
- Rachen- und Zahnfleischentzündungen
- Rheumatischen Erkrankungen
- Zahnschmerzen

## *Anwendung in der Küche*

Gewürznelken haben ein ausgeprägt warmes und duftiges Aroma, ihr Geschmack ist süßlich-würzig bis scharf. Sie eignen sich als Gewürz zu Tee, Punsch, Glühwein und Likören sowie zu Backwaren, Gemüse und Obstgerichten. Für Fleischgerichte sind Gewürznelken eigentlich weniger geeignet, allerdings werden sie in den USA zum Spicken von Schinken verwendet; in Griechenland gibt man sie zum Hackfleisch.

**Bewahren Sie Nelken in fest verschließbaren und lichtundurchlässigen Behältern auf! Sie halten sich auf diese Weise etwa zwei Jahre lang.**

## *Einkauf*

Achten Sie beim Kauf der Gewürznelken darauf, dass ihre Stängel eine rotbräunliche Farbe haben und am oberen Ansatz etwas heller sind. Hochwertige Nelken sollten sich sauber zerbrechen lassen und etwas Öl abgeben, wenn man sie mit dem Fingernagel eindrückt. Auch der Schwimmtest gibt Aufschluss über die Qualität der Ware: Teilentölte Nelken schwimmen waagrecht auf dem Wasser, während Nelken mit vollem Ölgehalt absinken oder aufrecht schwimmen.

### *Das Gewürznelkenrezept*

**Khitichree, asiatisches Linsengericht (für 4 Portionen)**
**Zutaten:** *100 g Linsen • 50 g Butter • 1 Zwiebel 1 TL Kreuzkümmel • 1 Zimtstange (ca. 5 cm) • 5 Gewürznelken • 1 Messerspitze Kurkuma • 2 Kardamomkapseln • 200 g gewaschenen und abgetropften Basmatireis • Salz*
Die Linsen 30 Minuten einweichen.

Die Butter in der Pfanne erhitzen. Die Zwiebel abziehen und fein hacken. Dann zusammen mit Linsen und Gewürzen zur zerlaufenen Butter geben. Unter Rühren 5 Minuten anbraten.
Den Reis hinzugeben. Rühren, bis der Reis am Topf zu kleben beginnt.
Alles etwa 2 Zentimeter hoch mit Wasser bedecken. Salzen. Bei kleiner Hitze kochen lassen, bis der Reis weich und das Wasser eingekocht ist.

**Ungeschälte, frische Ingwerwurzeln halten sich im Gemüsefach des Kühlschranks etwa vier Wochen lang. Getrockneter Ingwer hält sich in dicht verschlossenen, dunklen Behältern etwa ein Jahr lang. In Sirup oder anderen Konservierungssuds eingelegter Ingwer bleibt bis zu zwei Jahre einsatzfähig.**

## Ingwer

Die genaue Herkunft der Ingwerstaude und des aus ihrer Wurzel gewonnenen Gewürzes ist unbekannt, sicher ist jedoch, dass sie in China schon vor 3000 Jahren bekannt war. Auch die antiken Ärzte schätzten den Ingwer als Würzmittel und als Medikament gegen die unterschiedlichsten Krankheiten, von Blähungen bis hin zu Schlangenbissen. Heute wird er fast in allen tropischen Gebieten angebaut wie Jamaika, Brasilien, Florida, Zentralafrika und Südostasien.

### Die Hauptwirkstoffe

- Gingerole: aspirinähnliche Öle, sie hemmen die Zusammenballung von Blutplättchen, verringern dadurch das Risiko von Arteriosklerose. Darüber hinaus wirken Gingerole schmerzhemmend und im Darm als Gegenspieler zum Hormon Serotonin. Aufgrund der letzteren Eigenschaft zählt Ingwer zu den Mitteln gegen Übelkeit, Blähungen und Krämpfen im Darmbereich.

### Die medizinischen Wirkungen

Ingwer hilft bei:
- Appetitmangel

- Arteriosklerose und ihren Folgeerkrankungen
- Blähungen
- Darm- und Magenträgheit
- Reisekrankheit
- Übelkeit mit Erbrechen

*Ingwer vermittelt auf einmalige Weise süßliches Aroma mit scharfem Geschmack. Dadurch wird er zu einem Universalgewürz, das man zu Gemüse- und Fleischgerichten ebenso einsetzen kann wie zu Tee und Gebäck.*

## Anwendung in der Küche

Ingwer gehört zu den zentralen Gewürzen der indischen und chinesischen Küche. Dort schätzt man seinen warmen Holzduft, der einen eigentümlichen, aber nicht beißenden Kontrast zu seinem scharfen Geschmack bildet.
In China wird Ingwer gern mit Knoblauch kombiniert, er zählt zu den Standardzutaten des Currypulvers. Seine Schärfe und seine verdauungsfördernde Wirkung wird in asiatischen Gemüse- und Fleischgerichten geschätzt, seine süßliche Note macht ihn zu einem idealen Gewürz für Lebkuchen, Kuchen und Puddings; gelegentlich findet man ihn auch in Tee, Bier und Wein.

## Einkauf

Man erhält im Handel oft vollständige Ingwerwurzeln, die man dann zu Hause schälen und im Mörser oder mit der Reibe zerkleinern kann. Sie sind dem industriell gefertigten Ingwerpulver hinsichtlich ihrer therapeutischen und kulinarischen Möglichkeiten überlegen, ihr Geschmack ist breiter angelegt, die Schärfe ist schwächer, das Süßliche mehr ausgeprägt.
Ingwerspezialitäten sind Ingwerstücke in Sirup (vor allem aus China und Australien) sowie Sushoga und Beni-Shoga (hauchdünne, rosa- bzw. rotfarbene Ingwer-

schnitten, die in einem Spezialsud eingelegt wurden). Kandierter Ingwer eignet sich zum Süßen von Tee und Obstsalaten.

*Das Ingwerrezept*

**Ingwerhähnchen (für 2 Portionen)**
**Zutaten:** *2 kräftige Hähnchenbrüste • Salz, Pfeffer 4 TL frischer, gemahlener Ingwer • 80 ml Gemüsebrühe 1 Zwiebel • 2 gepresste Knoblauchzehen • 80 ml Olivenöl • 80 ml Essig*
Das Hähnchenfleisch zusammen mit etwas Salz und dem gemahlenen Ingwer in einer hohen Pfanne etwa 20 Minuten in der Gemüsebrühe schmoren lassen, bis das Fleisch durch ist. Die Zwiebel abziehen und in Ringe schneiden. Dann das Fleisch schnetzeln und zusammen mit Knoblauch, Olivenöl, Essig, Zwiebelringen sowie Salz und Pfeffer (Mengen nach eigenem Geschmack) in eine Schüssel geben. Gut durchmischen und mindestens 1 Tag im Kühlschrank ziehen lassen.
Ingwerhähnchen schmeckt sehr gut zu Kopfsalat, Reis, Toast oder Kroketten. Servieren Sie sie mit einem Glas Weißwein.

**In luftdicht verschlossenen Gläsern halten sich eingelegte Kapern etwa ein Jahr. Ist das Glas angebrochen, sollten Sie darauf achten, dass die restlichen Knospen mit Lake bedeckt sind.**

## Kapern

Kapern sind die geschlossenen, noch von Kelchblättern umgebenen Blütenknospen des Kapernstrauchs. Sie schmecken im frischen Zustand eigentlich nach nichts, die Herstellung des tatsächlichen Gewürzes erfordert Trocknen, Welken und Einlegen. Diese Arbeit muss natürlich bezahlt werden, weswegen Kapern zu den teuren Würzmitteln gehören. Der Löwenanteil des heutigen Angebots stammt aus Südfrankreich, wo unterschiedlichste Qualitäten angeboten werden.

## Die Hauptwirkstoffe

- Senfölglykoside: antibiotisch, besonders in Hinblick auf Bakterien und Viren

## Die medizinischen Wirkungen

Kapern helfen bei:

- Blasen- und Harnleiterentzündungen
- Halsinfektionen
- Husten
- Racheninfektionen
- Schnupfen

*Kapern sind seit der Zeit der alten Römer ein klassisches Saucengewürz. In ihrer medizinischen Wirkung werden sie allerdings meist unterschätzt.*

## Anwendung in der Küche

Die Herstellung des eigentlichen Kaperngewürzes ist sehr aufwändig. Kapern schmecken würzig und scharf, ähnlich wie Senf oder Kapuzinerkresse – doch der wesentliche Unterschied zu diesen beiden besteht im eigentümlichen Scharf-Bitter-Mix der Kapern, der sie zu einem echten Gewürz der feinen Küche macht.

Kapern eignen sich vor allem für kalte Saucen, Remouladen, Mayonnaisen und Marinaden, die dann zu Fisch, kaltem Rind- und Geflügelfleisch gereicht werden können. Sehr köstlich schmecken Tatar und kalter Rinderbraten mit Kapernsauce, in Frankreich werden Sardellen gern mit Kapern garniert. Das berühmteste Kaperngericht sind aber wohl die Königsberger Klopse.

Wichtig: Kapern vertragen keine langen Kochzeiten, sollten daher erst zum Schluss auf die Speisen gegeben werden.

### Einkauf

Je kleiner die Kapern, umso besser ihr Geschmack. Die kleinsten von ihnen werden daher von den französischen Köchen die »Nonpareilles«, die Unvergleichlichen, genannt; sie sind für den normalen Geldbeutel unerschwinglich. Doch auch größere Sorten – wie etwa die weit verbreiteten »Capucines« und »Capottes« – können sich geschmacklich sehen lassen. Kulinarische Schlusslichter sind die »Fines« und die »Gruesas«.

*Das Kapernrezept*

**Kapernsuppe (für 4 Portionen)**
**Zutaten:** *1 l Fleischbrühe • 1 gehäufter EL Speisestärke 1/4 l Milch • 2 Eigelbe • 2 EL Sahne • 4 TL Kapern 1 EL gehackter Dill*
Die Fleischbrühe kurz aufkochen, Speisestärke in der Milch auflösen und in die Brühe gießen, noch 1-mal aufkochen lassen, vom Herd nehmen.
Die Eigelbe in der Sahne verquirlen und hinzugeben.
Die Kapern auf die einzelnen Teller verteilen, schließlich die Suppe darüber gießen. Mit Dill garnieren.

**Kardamom entwickelt ein noch intensiveres Aroma, wenn man die Samen vor dem Gebrauch ohne Fett in einer beschichteten Pfanne kurz anröstet.**

## Kardamom

Wie Ingwer, Galgant, Kurkuma und Paradieskörner gehört Kardamom zu der tropischen Pflanzenfamilie der Ingwergewächse. Seine Samen sind jedoch teurer als die seiner Verwandten, da sie erst drei Jahre nach dem Einsetzen der Pflanzen geerntet werden können und der Zeitpunkt ihrer Ernte genau abgepasst werden muss: Denn wenn man nur ein wenig zu lange wartet, sind die Früchte aufgesprungen und die Samen verloren. Der überwiegende Anteil des Kardamomangebots kommt aus Indien, die fleißigsten Verbraucher sind jedoch die Schweden, die das exotische Gewürz in ihren Backwaren und in ihren Glühwein- und Punschgetränken verarbeiten.

## Die Hauptwirkstoffe

- Fette Öle: verdauungsfördernd und wärmend
- Limonen: erhöht in Leber und Dünndarm die Aktivität von Entgiftungsenzymen, dadurch eignet sich Kardamom als Therapie bei Katerbeschwerden nach durchzechten Nächten.

## Die medizinischen Wirkungen

Kardamom hilft bei:

- Blähungen
- Kater nach durchzechten Nächten
- Verdauungsträgheit

## Anwendung in der Küche

Kardamom ist teuer, doch er ist seinen Preis wert. Kaum ein anderes Gewürz erreicht sein ausgewogenes Aroma, der Geschmack der Samen verwandelt sich während des Kauens von kampferartig-bitter zu wärmend-herb. Kardamom besitzt eine überdurchschnittlich weite Anwendungspalette, er kann sowohl süßen wie auch salzigen Geschmack verfeinern. Er gehört zu den Standardbestandteilen von Currypulver, indischem Garam marsala und ist in den meisten Glühwein-Gewürzmischungen enthalten. In arabischen Ländern verwendet man ihn zum Würzen von Kaffee und Obst, in Ostfriesland zum Würzen von Tee, in

*Kardamom gehört zu den ältesten Gewürzen überhaupt. In Indien war er schon lange vor der Entwicklung der Schrift bekannt.*

Schweden zum Würzen von Punsch. Die chinesische und die indische Küche schätzt ihn zu Fleisch- und Gemüsegerichten, in Deutschland kommt er bei der Herstellung von Spekulatius und Lebkuchen zum Einsatz.
Wichtig: Kardamomkapseln müssen mitgekocht werden, sonst entwickeln sie nicht ihr volles Aroma.

## *Einkauf*

In hiesigen Gewürzläden erhält man weißen und grünen Kardamom. Bei der weißen Variante handelt es sich lediglich um ein fast geschmackloses Bleichprodukt des grünen Samens, das keinerlei Vorteil bietet. Kaufen Sie am besten die kompletten Kardamomfrüchte und nicht die von ihren Fruchtschalen befreiten Samen, denn ihre natürliche Verpackung verhindert das Abdampfen der flüchtigen ätherischen Öle und bewahrt damit das Aroma.

**Achtung: Der manchmal angebotene braune Kardamom ist kein echter Kardamom und kommt diesem weder in Geschmack noch in Heilwirkung gleich. Am wertvollsten ist der grüne Kardamom von der Malabarküste.**

### *Das Kardamomrezept*

**Kardamomcreme in Papaya (für 2 Portionen)**
**Zutaten:** *2 Papayas • 50 ml Milch • 30 g brauner Zucker • 1 gestrichener TL gemahlener Kardamom 3 Blatt weiße Gelatine • Zitronensaft (Menge nach eigenem Geschmack) • 125 g Schlagsahne*
Die Papayas waschen, der Länge nach halbieren und entkernen. Fruchtfleisch herauslösen und pürieren.
Die Milch mit Zucker und Kardamom kurz aufkochen, 10 Minuten ziehen lassen. Gelatine in kaltem Wasser einweichen, dann in der Kardamommilch auflösen.
Die Gelatine-Milch-Mischung mit dem Papayapüree verrühren, mit Zitronensaft abschmecken, abkühlen lassen. Währenddessen die Schlagsahne steif schlagen. Wenn die Milch-Papaya-Masse geliert ist, die Sahne unterheben.

Nochmals kalt stellen, kräftig durchrühren. Die Masse in einen Spritzbeutel mit Sterntülle füllen und in die beiden Fruchthälften füllen.

## Kerbel

Der Kerbel (Anthriscus cerefolium) stammt ursprünglich aus Südrussland, über die Römer wurde er dann bei uns eingeführt.

### Die Hauptwirkstoffe

- Kalium: harntreibend, wichtig für die Muskeln
- Zink: stärkt das Immunsystem
- Kalzium: wichtiges Knochen- und Zahnmineral
- Karotinoide: entzündungs- und Krebs hemmend, bilden die Vorstufe zu Vitamin A

*Falls Sie Kerbel selbst anbauen wollen, sollten Sie der krausblättrigen vor der glattblättrigen Variante den Vorzug geben. Denn die kann man nicht so leicht mit der giftigen Hundspetersilie verwechseln.*

### Die medizinischen Wirkungen

Kerbel hilft bei:

- Immunschwäche
- Osteoporose
- Vitamin-A-Mangel
- Wasseransammlungen in den Beinen

### Anwendung in der Küche

Kerbel schmeckt ähnlich wie Petersilie, hat aber auch einen bestimmten Eigengeschmack, irgendwo zwischen Lakritz und Anis. Er sollte stets frisch zum Einsatz kommen, entweder klein gehackt, oder aber in Form der kompletten Blattzweige. Kerbel passt zu Omelett und Ravigotesaucen. Er wird gern mit Estragon kombiniert, wie z. B. in der legendären Bèchamelsauce. Man verwendet ihn aber auch zu Salat, Spargel, Suppen, Quark, Joghurt, Frischkäse und Fischragout. Kerbel sollte nicht mitgekocht werden, weil dabei seine – ohnehin schon spärlich vorhandenen ätherischen Öle – verdampfen. Bei heißen Speisen darf er also erst am Schluss des Garens hinzukommen.

**Kerbelsuppen gibt es in unzähligen Varianten. Rühren Sie reichlich Kerbel in fertige Fleisch- oder Gemüsebrühen, in durchpassierte Kartoffel- oder Karottencremesuppen. Ihrer Phantasie sind keine Grenzen gesetzt.**

## *Einkauf*

Kaufen Sie Kerbel möglichst nur frisch! Er enthält ohnehin nur recht wenige ätherische Öle – und die gehen beim Trocknen auch noch verloren, so dass von seinem Aroma praktisch nichts mehr übrig bleibt. Man erhält das traditionsreiche Suppenkraut in zwei Varianten: den kraus- und den glattblättrigen Kerbel.

### *Das Kerbelrezept*

**Spargel mit Kerbelsauce (für 1 Portion)**
**Zutaten:** *250 g weißer oder grüner Spargel*
*1 Messerspitze Butter • 2 EL Sonnenblumenkerne (20 g)*
*2 EL Crème fraîche (30 %) • 1–2 EL Spargelwasser*
*Salz, weißer Pfeffer • 2–3 EL gezupfter Kerbel*
*2–3 kleine neue, gekochte Kartoffeln (200 g)*

Vom Spargel die holzigen Enden abschneiden und die Stangen schälen. Mit Garn umbinden und in reichlich Salzwasser mit dem Fett bissfest garen.

Die Sonnenblumenkerne in einer beschichteten Pfanne ohne Fett rösten.

Die Crème fraîche mit 1 bis 2 Esslöffeln Spargelwasser erhitzen, gut verrühren. Mit Salz und Pfeffer würzen. Zuletzt den Kerbel und 1 Esslöffel geröstete Sonnenblumenkerne unterrühren und kurz miterhitzen.

Die abgetropften Spargelstangen mit der Kerbelsauce anrichten. Mit den restlichen Sonnenblumenkernen bestreuen. Dazu Pellkartoffeln reichen.

# Knoblauch

Der Knoblauch gehört zu den ältesten Heilpflanzen überhaupt. In der altindischen Medizin galt er als Kräftigungsmittel, auch die Ägypter gaben beim Bau der Cheopspyramiden ihren Arbeitern reichlich Knoblauch zu essen, um sie bei Kräften zu halten. Heute gelten die gesundheitlichen Vorzüge des Knoblauchs wissenschaftlich als erwiesen, vor allem seine Wirkungen auf das Herz-Kreislauf-System sowie auf bakterielle und virale Infektionen.

*Frischer Knoblauch hält sich kühl (nicht im Kühlschrank!) und trocken ein bis zwei Monate. Die größte Haltbarkeit (bis zu sechs Monate) besitzen geräucherte Knollen.*

## Die Hauptwirkstoffe

- Alliin: hemmt zahlreiche Enzyme, die sonst den Blutfettspiegel nach oben treiben würden
- Allizin: wirkt antibiotisch, ist für den unverwechselbaren Geruch der Knollen verantwortlich
- Ajoen: ähnelt in seiner Wirkung dem Aspirin (Azetylsalizylsäure), d. h., Ajoen ist imstande, Blutgerinnungsvorgänge in den Arterien zu verhindern. Dadurch verringert sich das Risiko von gefährlichen Arterienverschlüssen in Herz, Lunge und Gehirn.

## Die medizinischen Wirkungen

Knoblauch hilft bei:

- Arteriosklerose
- Bluthochdruck
- Bronchitis und Erkältungen
- Durchfall und Verstopfung
- Hautpilz und Warzen
- Zahnschmerzen

## Anwendung in der Küche

Knoblauch schmeckt scharf und sehr intensiv. In zwei der führenden Küchen der Welt – der französischen und der chinesischen – spielt er eine zentrale Rolle, aber auch im gesamten Mittelmeerraum, in Russland und in Afrika hat er seinen festen Platz in den Kochtöpfen.

Die frischen Zehen passen zu Fisch, Muscheln, Wurst, Suppen und vor allem zu Hammelbraten. Knoblauch würzt Salate und Saucen, aber auch Butter, Quark und Mayonnaise.

**Damit Knoblauch seine medizinischen Wirkungen entfalten kann, muss er täglich in Mengen von etwa vier Gramm verzehrt werden. Das entspricht ein bis zwei Knoblauchzehen.**

Die Knoblauchzehen entfalten ihr Aroma am besten, wenn sie – zuvor abgezogen – durch eine Knoblauchpresse in die Mahlzeiten gequetscht werden. Auch die medizinischen Wirkungen von Knoblauch treten nur optimal in Kraft, wenn die Zehen zerquetscht werden.

Mitgekochter Knoblauch verliert an Schärfe. Überhaupt mag Knoblauch keine große Hitze, er brennt schnell an!

## Einkauf

Salze, Granulate und Pulver aus Knoblauch sind sowohl medizinisch als auch kulinarisch ohne Bedeutung. Besorgen Sie sich daher stets die frischen oder aber die geräucherten (man bekommt sie im Winter) Knollen aus dem Gemüseladen!

### *Das Knoblauchrezept*

**Aioli**

**Zutaten:** *2 Eigelbe • 1 TL Senf • 3 Knoblauchzehen Salz, Pfeffer • 300 ml Olivenöl • Zitronensaft 1 Bund Schnittlauch*

Eigelbe, Senf, zerdrückten Knoblauch, Salz und Pfeffer in einer Schüssel gut verrühren. Das Öl zuerst tropfenweise, dann im dünnen Strahl unter ständigem Rühren zugeben. Mit Zitronensaft, Salz und Pfeffer pikant abschmecken. Nötigenfalls mit lauwarmem Wasser auf die gewünschte Konsistenz verdünnen. Fein geschnittenen Schnittlauch zum Schluss unterrühren.

*Korianderkraut (unten) muss frisch verzehrt werden. Koriandersamen halten sich in dunklen Behältern etwa zwölf Monate lang. Kurz vor dem Gebrauch werden Sie zermahlen, beispielsweise im Mörser oder in der Gewürzmühle.*

## Koriander

Der Koriander wird bereits in der Bibel erwähnt: »Und Manna war wie weißer Koriandersamen.« Hippokrates verordnete ihn als Medikament gegen Kopfschmerzen und Verdauungsstörungen. Heute wird Koriander weltweit angebaut, zu den führenden Anbietern gehören Russland, Indien sowie Mittel- und Südamerika.

### Die Hauptwirkstoffe

Ätherische Öle: appetit- und verdauungsfördernd

### Die medizinischen Wirkungen

Koriander hilft bei:

- Appetitschwäche
- Blähungen
- Verdauungsschwäche

### Anwendung in der Küche

Die Blätter und unreifen Früchte des Korianders verströmen einen üblen Geruch, der es schwer macht, den Koriandersamen als Gewürz mit fast universalen Würzeigenschaften zu akzeptieren. Doch die ausgereiften Samen – die exakt dann gepflückt werden, wenn sie mit Tau bedeckt sind – besitzen ein süßes, würzig-holziges Aroma mit einem Hauch von Pfeffer und Balsam, sie

schmecken mild und süß – an Lavendel erinnernd –, bei längerer Einwirkung ein wenig beißend.
Koriander eignet sich für salzige genauso wie für süße Gerichte. Er gehört zu den Standardbestandteilen von Currypulver, wird daher in Indien und China zur Würze von Gemüse- und Fleischgerichten verwendet.
Koriander ist ein ideales Gewürz zum Experimentieren, denn er ist mild und vom Aroma weit genug, so dass eigentlich keine Speise mit ihm misslingen kann. Seine idealen Gewürzpartner sind Knoblauch, Chili, Pfefferminze und Kreuzkümmel.

**Korianderextrakt ist in zahlreichen Präparaten für Magen- und Darmstörungen enthalten, es wird gern mit Weißdorn kombiniert, wenn sich Magenstörungen in Form von Anginaanfällen, Rhythmusstörungen oder Beklemmungen auf das Herz niederschlagen (Roemheld-Syndrom).**

## *Einkauf*

Im Handel bekommt man den indischen Koriander vulgaris sowie die russische Sorte Microcarpum. Die russischen Koriandersamen sind kleiner, dafür aber sehr viel ergiebiger an ätherischem Öl. Kaufen Sie kein Korianderpulver, es verliert sehr schnell an Aroma!

### *Das Korianderrezept*

**Rote-Bete-Salat mit Nüssen (für 4 Portionen)**
**Zutaten:** *4 Rote Bete • 2 Äpfel, am besten Cox Orange 1/4 Sellerieknolle • 1 Tasse Brunnenkresse • 2 Tassen Weizensprossen • 200 g Joghurt, Fettstufe nach individuellem Geschmack • 3 EL Zitronensaft • 1 TL frisch gemahlener Koriander • Salz, Pfeffer • 8 Walnusskerne*
Rote Bete fein raspeln, die Äpfel entkernen und in kleine Scheibchen schneiden, die Sellerieknolle schälen und grob raspeln. Alles zusammen mit Kresse und Weizensprossen vermischen.
Joghurt und Zitronensaft miteinander vermischen, Koriander hinzufügen, mit Salz und Pfeffer abschmecken. Walnüsse klein hacken und auf die einzelnen Portionen streuen.

## Kresse

Die hierzulande bekanntesten Kressearten sind die Brunnen-, Garten- und die Kapuzinerkresse. Brunnen- und Gartenkresse sind im heimischen Garten leichter anzubauen, wirksamer ist allerdings die Kapuzinerkresse. Heute schätzt man beide Kressearten aufgrund ihres scharfen Geschmacks und ihrer antibiotischen Wirkung.

*Kresse vor dem Würzeinsatz nicht waschen! Denn durch das Wasser fallen vor allem bei der Gartenkresse die feinen Blättchen in sich zusammen, und dadurch verlieren sie einen Teil ihres Aromas.*

### Die Hauptwirkstoffe

▶ Senföl: stark antibiotisch. Der Verzehr von zehn Gramm Kapuzinerkresse ist gleichbedeutend mit der Aufnahme von 20 Milligramm Penizillin – im Unterschied zu Penizillin sind beim Senföl der Kresse jedoch keine Nebenwirkungen zu befürchten.

▶ Vitamin C: Immunsystem stärkend, schützt die Blutgefäße vor gefährlichen Cholesterinablagerungen. Allerdings ist nur im frischen Kressekraut der Vitamin-C-Anteil von medizinischer Bedeutung.

▶ Karotinoide: entzündungs- und Krebs hemmend, bilden außerdem die Vorstufe von Vitamin A

### Die medizinischen Wirkungen

Kresse hilft bei:

▶ Abwehrschwäche

▶ Arteriosklerose und ihren Folgeerkrankungen

▶ Blasen- und Harnleiterentzündungen

▶ Bronchitis

▶ Husten

▶ Nierenleiden

▶ Vitamin-A-Mangel

## Anwendung in der Küche

Die Kapuzinerkresse eignet sich bei Husten vor allem als Teezubereitung. Für die Küche sind hingegen Brunnen- und Gartenkresse besser geeignet, ihr Geschmack ist weniger scharf und penetrant.

Leider wird die Kresse in Deutschlands Küchen nur wenig beachtet, während sie in der Nouvelle Cuisine Frankreichs zur unentbehrlichen Größe herangewachsen ist. Dort isst man sie als Salat und – mit Zitronensaft beträufelt – als rohes Gemüse zu Braten, Steaks und Schnitzeln. Ferner eignet sie sich als Gewürz zu Butterbrot, weißem Käse, Quark, Tomaten und harten Eiern. Räucherfisch und Meeresfrüchte können durch Brunnenkresse zum unvergesslichen Erlebnis werden.

Garten- und Brunnenkresse schmecken am besten frisch; größere Mengen des Krauts erhalten ein pikanteres Aroma, wenn man sie mit Zitronensaft beträufelt. Zu den echten Delikatessen gehört Brunnenkresse, die mit frischem Ingwer zubereitet wird.

Wichtig: Bei heißen Gerichten darf Kresse nicht mitgekocht werden, denn sie verträgt keine starke Hitze!

**Teeaufguss gegen Husten: 25 Gramm getrocknete Kapuzinerkresse mit 1 Liter kochendem Wasser übergießen, 10 Minuten lang zugedeckt ziehen lassen. Danach abseihen. Trinken Sie von dem Tee jeweils 1 Tasse zu den Mahlzeiten.**

## Einkauf

Kresse schmeckt nur frisch. Aus kulinarischer Sicht ist sie nicht für längeres Lagern geeignet, man kann sie weder einfrieren noch trocknen.

*Das Kresserezept*

**Kressesalat à la Brünne (für 2 Portionen)**
**Zutaten:** *1 Hand voll klein geschnittene Brunnenkresse 1 Hand voll klein geschnittene Endivienringe • 1 Hand voll klein geschnittener Chinakohl • 3 EL Olivenöl 3 EL Zitronensaft • Muskat • Salz, Pfeffer*

Brunnenkresse, Endivienringe und Chinakohl vermischen; Olivenöl, Zitronensaft und die Gewürze (Menge nach eigenem Geschmack) verrühren.
Salat auf zwei Teller verteilen, mit der Sauce begießen.

## Kreuzkümmel

Ursprüngliche Heimat des Kreuzkümmels ist Turkestan; heute wird er überwiegend am Mittelmeer und in Indien angebaut. In unseren Küchen wird er recht selten verwendet, man verwechselt ihn gern mit dem bei uns üblichen Kümmel (Carvum carvi). Zwischen beiden besteht zwar durchaus eine botanische Verwandtschaft, doch in Bezug auf Geschmack und medizinische Wirkungen bestehen deutliche Unterschiede.

**Kreuzkümmel wird noch aromatischer, wenn man die Samen vor der Verwendung ohne Fett in einer beschichteten Pfanne kurz anröstet.**

### Die Hauptwirkstoffe

Ätherische Öle, vor allem Kuminaldehyd, Thymol und Zymen: krampflösende Eigenschaften auf die Muskeln in den Bronchien und im Magen-Darm-Bereich

### Die medizinischen Wirkungen

Kreuzkümmel hilft bei:
- Blähungen
- Bronchitis
- Darmkoliken
- Erkältungen
- Husten
- Völlegefühl

### Anwendung in der Küche

Es ist lange her, dass Kreuzkümmel in deutschen Küchen verwendet wurde: Im Mittelalter gebrauchte man ihn als Pfefferersatz, doch seitdem spielt er hierzulande eigentlich keine Rolle mehr. Dies liegt sicherlich auch an seinem starken und schweren, zwischen Süße und Säuerlichkeit hin- und herpendelnden Aroma sowie an seinem brennend-aromatischen und leicht bitteren Geschmack. Dadurch ist er für die deutsche Küche nur sehr begrenzt einsetzbar. Anders in der indischen, türkischen und marokkanischen Küche! Hier zählt Kreuzkümmel zu den Standardgewürzen und gehört zu den Bestandteilen von Mischungen wie Currypulver, Panch phoron und Garam Masala.

*Im antiken Ägypten setzte man Kreuzkümmel bei der Behandlung von Lungenerkrankungen ein. Die Wirkung ist aufgrund des hohen Thymolgehalts durchaus nachweisbar.*

Kaum eine indische Mahlzeit ist komplett, wenn nicht Kreuzkümmel darin verarbeitet wurde. In Marokko wird er als Wurst- und Brotgewürz verwendet, in der Türkei findet man ihn in Hackfleisch- und Gemüsegerichten. Die US-Texaner würzen mit ihm ihr Chili con carne.

## Einkauf

Gemahlener Kreuzkümmel verliert schnell an Aroma. Kaufen Sie daher nur die kompletten Samen, die dann für den konkreten Bedarf im Mörser oder in der Gewürzmühle zerkleinert werden können.

In Deutschland erhält man in der Regel den weißen Kreuzkümmel, der in der indischen Küche als Safaid jeera bezeichnet wird. Sein enger Verwandter, der schwarze Kreuzkümmel (Kala jeera genannt) wird hingegen recht selten in hiesigen Gewürzläden verkauft. Der schwarze Kreuzkümmel wird gern mit dem Schwarzkümmel verwechselt. Hinsichtlich ihres Geschmacks und ihrer medizinischen Wirkung sind sie jedoch sehr verschieden.

*Das Kreuzkümmelrezept*

**Käsekugeln mit Sonnenblumenkernen (für 16 Portionen)**
**Zutaten:** *80 g Sonnenblumenkerne • 2 EL Butter 200 g Camembert • 70 g weiche Butter • 1/2 TL gemahlener Kreuzkümmel • 1 gepresste Knoblauchzehe Salz, weißer Pfeffer*
Die Sonnenblumenkerne in 2 Esslöffeln Butter rösten, 20 Gramm davon hacken. Den Camembert entrinden, mit einer Gabel zerdrücken und mit der weichen Butter vermengen. Die Gewürze und die gehackten Sonnenblumenkerne untermengen.
Die Masse 30 Minuten kalt stellen. Nach dem Kühlen die Masse zu Kugeln formen (dazu die Hände anfeuchten) und die Kugeln in den restlichen Sonnenblumenkernen wenden. Die fertigen Kugeln 2 Stunden kühlen.

**Kümmelsamen halten sich in gut verschlossenen und lichtundurchlässigen Gefäßen bis zu einem Jahr. Ihr Aroma nimmt in den ersten Monaten der Lagerung sogar noch zu!**

## Kümmel

Der Kümmel zählt zu den ältesten Gewürzen Europas. Wissenschaftler glauben, dass er bereits zur Steinzeit in den Speisen verarbeitet wurde. Heute wird er in Frankreich, Polen und in den Niederlanden angebaut.

### Die Hauptwirkstoffe

- Ätherische Öle, vor allem Karvon und Limonen: Krebs hemmend, krampflösend, verdauungsanregend, beheben Störungen im Leber-Gallenblasen-Bereich

### Die medizinischen Wirkungen

Kümmelsamen helfen bei:
- Dreimonatskoliken von Babys
- Blähungen

- Darmkoliken
- Magenschwäche
- Mundgeruch
- Verdauungsproblemen bei fetthaltigen Speisen

Außerdem eignet sich Kümmel zur Vorbeugung von Krebserkrankungen, vor allem von Tumoren im Darmbereich.

*Beim Sammeln wird der Kümmel leicht mit dem Wiesenkerbel verwechselt. Wichtige Unterscheidungsmerkmale sind die stärker glänzenden Blätter des Kerbels sowie seine rein weißen, flachen Blütendolden – im Unterschied zu den rosa schimmernden, »eingedellten« Dolden des Kümmels.*

## Anwendung in der Küche

Kümmel hat ein unverwechselbares Aroma, das warm und ein wenig bitter ist. Eine alte Faustregel lautet: Kümmel eignet sich für alle Speisen, die wie er mit dem Buchstaben K anfangen, also für Käse, Kringel, Krapfen, Kohl, Kochfisch, Kartoffeln, Krautsalat und Kutteln. Doch das hieße, seine wahren Möglichkeiten grob zu unterschätzen.

Küchenexperten des antiken Roms empfahlen, ihn zum Würzen von Gemüse und Fisch einzusetzen; legendär ist z. B. die Fischsauce des Apicius aus Kümmel, Oregano, Minze, Honig, Öl, Essig und Wein.

Im Mittelalter etablierte sich Kümmel in Suppen sowie in Kohl- und Bohnengerichten, deren Verdaulichkeit durch ihn deutlich verbessert wurde – eine Anwendung, die bis heute üblich ist. Daneben wird Kümmel bei Bratäpfeln ebenso eingesetzt wie bei Gebäck und Fleisch. Im Unterschied zur weit verbreiteten Meinung lässt er sich ausgezeichnet kombinieren, beispielsweise mit Koriander, Knoblauch und Pfeffer.

Schließlich wird Kümmel auch gern beim Ansetzen von Branntweinen und Schnäpsen eingesetzt. Zu den bekanntesten Getränken zählen Aquavit, Allach und Gilka.

## *Einkauf*

Am besten kaufen Sie den Kümmel im ungemahlenen Zustand – auf diese Weise behält er besser sein Aroma. Kurz vor der Verwendung wird er im Mörser oder in der Gewürzmühle zerstoßen; für viele Gerichte können aber auch die kompletten Samen verwendet werden.

*Das Kümmelrezept*

**Kümmelkartoffeln für Eilige (für 2 Portionen)**
**Zutaten:** *500 g Kartoffeln • 2 EL Olivenöl • Salz, Pfeffer • 1 TL zerstoßener Kümmel • 1 Knoblauchzehe 100 g Joghurt*
Die Kartoffeln schälen, in dünne Scheiben schneiden und in die Pfanne mit dem erhitzten Öl geben. Mit Salz, Pfeffer, Kümmel und der gepressten Knoblauchzehe würzen.
Die Kartoffelscheiben kross anbraten, zum Schluss den Joghurt zugeben. Eine schnelle, aber dennoch gesunde und sättigende Mahlzeit!

**Kurkuma wird in Indien in Form von Breiauflagen als Schönheitsmaske verwendet. Vor Nachahmung sei jedoch gewarnt, da diese Maske einen deutlichen gelben Farbton auf der Haut hinterlässt.**

## *Kurkuma*

Kurkuma – auch Gelbwurz genannt – wird aus dem getrockneten Wurzelstock der Kurkumapflanze gewonnen; er zählt zu den beliebtesten Gewürzen, Farbstoffen und Heilmitteln Asiens. Er kam erst spät nach Europa, wahrscheinlich durch Marco Polo, der den Geschmack des Gelbwurzes mit dem des Safrans verglich und ihn damit als billigen Ersatz für den sündhaft teuren Safran etablierte. Tatsache ist jedoch, dass Gelbwurz den edlen Safranfäden kulinarisch nicht das Wasser reichen kann, medizinisch ist er hingegen von erheblich größerer Bedeutung.

## Die Hauptwirkstoffe

- Gelbe Farbstoffe: wirken antibiotisch und entzündungshemmend, regen die Entleerung der Gallenblase an, schützen vor Cholesterinablagerungen an den Wänden der Blutgefäße
- Ätherische Öle: regen die Produktion fettverarbeitender Gallensäuren in der Leber an

## Die medizinischen Wirkungen

Kurkuma hilft bei:

- Arteriosklerose und ihren Folgeerkrankungen
- Darminfektionen
- Erhöhtem Cholesterinspiegel
- Gallenblasenentzündung
- Pilzinfektionen
- Völlegefühl

*Kurkuma enthält den selben Farbstoff, der auch dem Safran seine Farbe verleiht. Aus diesem Grund wurde er früher auch indischer Safran genannt.*

## Anwendung in der Küche

Kurkuma besitzt einen dezent aromatischen, pfeffrig-frischen Geruch, der ein wenig an Orangenschalen und Ingwer erinnert. Der Geschmack ist hingegen sehr viel eindeutiger, denn er ist ausgesprochen scharf und bitter, erinnert stark an Moschus.

Gelbwurz zählt zu den Standardbestandteilen des Currypulvers, er ist auch sonst unentbehrlich zum Würzen zahlreicher indischer, chinesischer und südasiatischer Gerichte. Er passt zu Fisch, Meeresfrüchten, Rindfleisch, Geflügel, Gemüsereis und Eiern. Hierzulande wird er gern dem Senf untergemischt, man findet ihn auch in der Worcestersauce.

## *Einkauf*

Kurkuma gibt es bei uns hauptsächlich als Pulver, als Frischwurzel erhält man ihn nur selten. Kaufen Sie Kurkumapulver nur in kleinen Mengen, denn man braucht meist nur wenig davon. Lagern Sie ihn in einem lichtundurchlässigen Behälter, dort hält er sich etwa ein Jahr.

**Kurkumaöl hilft gegen entzündliche Hauterkrankungen. Vermischen Sie dazu 1 Esslöffel kaltgepresstes Mandelöl mit 1 Teelöffel Kurkuma. Mit der daraus entstehenden gelben Masse ölen Sie dann die betroffenen Hautstellen ein; nach 15 Minuten wird mit warmem Wasser abgewaschen. Wiederholen Sie die Anwendung 3-mal pro Tag.**

### *Das Kurkumarezept*

**Indonesischer Gemüsereis (für 2 Portionen)**
**Zutaten:** *300 g Naturreis • 1 rote Paprikaschote 1 mittelgroße Zucchini • 1 mittelgroße Lauchstange 1 kleine Zwiebel • 2 EL Pflanzenöl • 2 Knoblauchzehen • 1 Messerspitze gemahlener Ingwer • 1 gestrichener TL Kurkumapulver • 100 ml Gemüsebrühe 1 EL Sojasauce • 1 EL gehackte Petersilie*
Den Reis in Salzwasser bissfest kochen.
Paprika waschen, entkernen und in kleine Streifen schneiden; Zucchini schälen und in kleine Scheiben schneiden; Lauch waschen, halbieren und in Streifen schneiden; Zwiebel abziehen und klein hacken.
Öl in der Pfanne erhitzen. Gepressten Knoblauch und die Zwiebelstücke darin anbraten, dann Ingwer und Kurkuma hinzufügen und unter Rühren kurz anrösten.
Paprika, Zucchini und Lauch hinzufügen und kurz anbraten, mit Gemüsebrühe aufgießen und 6 Minuten lang kochen lassen.
Reis und Sojasauce zum Gemüse geben, alles gut vermischen und braten, bis der Reis heiß ist. Am Ende mit Petersilie garnieren.
Der indonesische Gemüsereis reicht als vollständiges Gericht. Geben Sie – je nach Geschmack – ein paar Teelöffel Crème fraîche oder Joghurt hinzu, um ihn sahniger zu machen.

## Liebstöckel

Die bis zu zwei Meter hoch wachsende Pflanze beliefert uns mit ihren Blättern, die sich zum Würzen eignen, und ihren Wurzeln, die in der Heilpflanzenkunde genutzt werden. Die Römer brachten den Liebstöckel vom Iran nach Europa, wo er zunächst nur auf wenig Gegenliebe traf. Mittlerweile wächst Liebstöckel auch in unseren Breiten, um dabei sein typisches Maggiaroma zu verbreiten. In hiesigen Küchen wird er selten verwendet, dafür umso mehr in Südeuropa.

*Liebstöckel ist geschmacklich sehr intensiv. Zum Würzen reichen in der Regel ein bis zwei Blätter vollkommen aus.*

### Die Hauptwirkstoffe

- Karotinoide und Vitamin E: abwehrstärkend und entzündungshemmend

### Die medizinischen Wirkungen

Liebstöckelblätter helfen bei:

- Abwehrschwäche

### Anwendung in der Küche

Liebstöckelblätter haben – auch wenn der Name »Maggikraut« die Vermutung nahe legt – nichts mit dem bekannten Suppengewürz zu tun. Ihr Aroma ist außerordentlich intensiv und erinnert an Sellerie. Der Geschmack ist pikant, aber nicht dominant. Liebstöckel ist ein Verstärkungsgewürz, d. h., dass es den Speisen weniger seinen eigenen Stempel aufzwingt, als dass es den Charakter der Nahrungsmittel – vor allem von Fleisch – betont.

Liebstöckel passt zu allen Varianten deftiger Hausmannskost wie Bohnensuppe, Linseneintopf, Kartoffelsuppe und Fleischsauce genauso wie zu Tofu, Quark,

Joghurt, Salaten und Fisch. Lediglich Süßspeisen und Spargel sind absolut ungeeignet zum Würzen mit Liebstöckel. Im Unterschied zu den meisten anderen Grünkräutern gewinnt Liebstöckel beim Kochen durchaus an Geschmack, er kann also bereits frühzeitig dem Essen beigegeben werden.

### *Einkauf*

Kaufen Sie am besten die kompletten frischen Blätter, um sie dann bei Bedarf klein zu hacken. Getrocknete Ware ist ärmer an Geschmack und Aroma.

**Frische Liebstöckelblätter werden zum Lagern in Frischhaltebeutel eingepackt und dann im Kühlschrank deponiert. Dort halten sie sich etwa drei Tage.**

*Das Liebstöckelrezept*

**Tofu mit Liebstöckel und Petersilie (für 1 Portion)**
**Zutaten:** *200 g Tofu • 1 EL Olivenöl • 1 TL Sojasauce 2 EL Zitronensaft • 2 gepresste Knoblauchzehen 1 Frühlingszwiebel • 1 TL gehackte Petersilie 1 TL gehackte Liebstöckelblätter • Salz*
Tofu durch ein Sieb streichen, mit dem Öl zu einer cremigen Masse verrühren. Die restlichen Zutaten dazugeben und alles miteinander vermischen. Mit Salz abschmecken. Schmeckt hervorragend als Brotaufstrich oder zu Kartoffeln.

## *Lorbeer*

Lorbeerblätter spielten lange Zeit eine große Rolle im kultischen Leben der Antike, man denke nur an die Lorbeerkränze der Caesaren. Heute zählen sie zu den Standardbeigaben der Mittelmeerküche.

### *Die Hauptwirkstoffe*

- Zineol: schleimlösend und schwach antibiotisch
- Bitterstoffe: appetitanregend

## Die medizinischen Wirkungen

Die Lorbeerblätter werden nicht medizinisch eingesetzt. Lorbeerfrüchte allerdings helfen aufgrund ihrer ätherischen und fetten Öle bei Appetitschwäche, Blähungen und Wassersucht. In der Küche finden sie jedoch keine Anwendung.

## Anwendung in der Küche

Lorbeerblätter schmecken würzig-bitter und sollten nur sparsam dosiert werden. Sie passen zu Suppen, Bratensauce, Schmor- und Sauerbraten, Wildbeize, Fischsud und Rotkohl. Am besten kocht man das Blatt unzerkleinert mit, entfernt es jedoch vor dem Servieren. Lorbeer kann außerdem zum Einlegen von Gurken und zum Aromatisieren von Essig verwendet werden.

*Lorbeergeschmack entfaltet sich nur langsam, die Blätter sollten daher stets mitkochen. Die Würzkraft kann gesteigert werden, indem man die Blätter am Rand etwas einreißt.*

## Einkauf

Lorbeerblätter kommen in der Regel als Trockenware in den Handel, seit kurzem erhält man sie jedoch auch frisch. Getrocknete Blätter von guter Qualität sind grünlich braun und zeigen einen matten Glanz; im gut verschließbaren Behälter halten sie sich etwa ein Jahr lang. Frische Blätter sind ledrig und gelblich grün, sie halten sich – eingewickelt im Frischhaltebeutel – im Kühlschrank etwa drei Tage lang.

### *Das Lorbeerrezept*

**Bunte Tortellini in Hühnerbrühe (für 4 Portionen)**
**Zutaten:** *2 kg Hühnerklein • 2 Bund Suppengemüse*
*2 EL schwarze Pfefferkörner • 3 Lorbeerblätter*

*600 g frische, dreifarbige Tortellini • Salz, schwarzer Pfeffer aus der Mühle • 100 ml Marsala • 200 g Shrimps 2 Bund Schnittlauch • 30 g grobe Parmesanspäne*

Das Hühnerklein kurz unter kaltem Wasser abbrausen. In einen Topf geben, 2 1/2 Liter kaltes Wasser angießen. Das Suppengemüse putzen, waschen und grob zerteilen, zusammen mit den Pfefferkörnern und den Lorbeerblättern in den Topf geben. Langsam zum Kochen bringen, bei milder Hitze etwa 45 Minuten garen.

Die Brühe durch ein Sieb gießen. Wieder aufkochen und salzen.

Die Tortellini hineingeben, bissfest garen. Die Brühe mit Salz, Pfeffer und Marsala abschmecken. Die Shrimps darin erhitzen und mit Schnittlauchröllchen und Parmesanspänen bestreut heiß servieren.

**Majoran kann im Unterschied zu vielen anderen Gewürzen mitgekocht werden, ohne an Würzkraft einzubüßen. Vorsicht: sparsam dosieren, denn Majoran schmeckt sehr intensiv!**

## Majoran

Die deutsche Blut- und Leberwurst verdankt ihren Ruf nicht zuletzt der Würzkraft von Majorans hortensis. Man erhält ihn mittlerweile in jedem Supermarkt, und dabei wird gern übersehen, dass Majoran auch eine eminente Heilkraft besitzt. Nicht umsonst wurde er in der Antike von der Göttin Venus direkt am Fuß des Olymps angepflanzt.

### Die Hauptwirkstoffe

- Ätherische Öle, vor allem cis-Sabinenhydrat: sorgen für den typischen Geruch sowie die verdauungsfördernde und krampflösende Kraft des Majorans. Zusammen mit Rosmarinsäure fördern die ätherischen Öle des Majorans – äußerlich aufgetragen – die Hautdurchblutung und unterstützen die Wärmebehandlung bei Sportverletzungen.

**Rezept für Majoranbutter als Schnupfensalbe für Säuglinge und Kleinkinder: 20 Gramm zerstoßenen Majoran in 10 Milliliter Weingeist und 1 Milliliter Ammoniak einlegen, 6 Stunden zugedeckt ziehen lassen. 100 Gramm weiße Vaseline hinzufügen und unter häufigem Umrühren im Wasserbad erhitzen, bis sich Weingeist und Ammoniak verflüchtigt haben. Anschließend das Kraut auspressen und die Salbe filtrieren.**

- Rosmarinsäure: wirkt krampflösend auf Dünndarm und Gallenwege, Krebs hemmend
- Hydrochinon: entzündungs- und infektionshemmend. In größeren Mengen steht Hydrochinon allerdings auch im Verdacht, Krebs erregend zu sein. Aus diesem Grund sollten Sie nicht täglich mit Majoran würzen!
- Kalzium: wichtiges Mineral für Knochen und Zähne

## Die medizinischen Wirkungen

Innerlich angewendet, hilft Majoran bei:

- Blähungen
- Darmkoliken
- Durchfall
- Gallensteinleiden
- Reizmagen
- Verdauungsbeschwerden

Äußerlich angewendet, unterstützt er die Therapie von:

- Muskelzerrungen
- Prellungen
- Schnupfen (vor allem bei Kindern)
- Verstauchungen

Hoch dosierter Majorantee (1 Esslöffel Kraut auf 1 Tasse Wasser), pro Stunde 1-mal in die Ohren geträufelt, hilft bei der Lösung von hartnäckigem Ohrenschmalz.

## Anwendung in der Küche

Der Majorangeschmack erinnert an den ihm verwandten Oregano, sein Aroma ist herb und pfeffrig. Er macht Deftiges leichter verdaulich und länger haltbar. Majoran passt also zu Speck, Schinken, Schweinebauch, Schweinegulasch, Wurst, Gegrilltem und Innereien. Zur Schonung des Aromas darf das Gewürz nicht mitgekocht werden. Spinat, Knödel und Kartoffeln bekommen durch Majoran eine interessante Note.

## Einkauf

Majoran schmeckt nicht nur frisch, sondern auch als Trockenware. Die frischen Blätter können per Frischhaltebeutel in den Kühlschrank gelegt werden (Haltbarkeit: drei bis fünf Tage), der getrocknete Majoran hält in lichtundurchlässigen Gefäßen sechs Monate. Da Majoran sparsam dosiert werden sollte, lohnt sich der Einkauf großer Mengen nicht.

### *Das Majoranrezept*

*Griechen und Römer sahen im Majoran ein Symbol des Glücks. Liebende wurden mit Majoran bekränzt, und die Griechen pflanzten ihn auf Friedhöfe, um den Toten ewigen Frieden zu geben.*

**Omelettsandwich mit Majorancreme (für 2 Portionen)**
**Zutaten:** *1 Zwiebel • 50 g roher Schinken*
*100 g Schichtkäse (20 % Fett) • 2 EL Crème fraîche*
*1 EL gehackte Petersilie • 1 EL gehackter Dill*
*1 TL Brunnenkresse • 1 TL Majoran • 6 Eier*
*Salz, Pfeffer • 4 TL Butter*

Die Zwiebel abziehen und hacken, den Schinken in kleine Stücke schneiden. Beides mit dem Schichtkäse, der Crème fraîche und den Gewürzen verrühren, mit Salz und Pfeffer abschmecken.

Die Eier mit Salz und Pfeffer schaumig schlagen. 2 Teelöffel Butter in die Eimasse rühren. Restliche Butter in der Pfanne erhitzen. Die Eimasse hinzugeben und die Unterseite leicht stocken, jedoch nicht bräunen lassen. Wenn die Oberseite fest zu werden beginnt, das Omelett aus der Pfanne auf einen Teller gleiten lassen.

Das Omelett in 2 Hälften teilen. Die Kräutercreme auf die eine Hälfte streichen und die andere Hälfte darüber klappen. Jeder kann sich jetzt ein Stück des Omelettsandwiches abschneiden.

## Meerrettich

Der Name des Meerrettichs hat seinen Ursprung wohl weniger im Meer, als in der Mähre, dem Pferd – oder aber er stammt vom mittelalterlichen Volk der Mähren ab. Für letztere These spricht, dass Meerrettich ursprünglich dort zu Hause war, wo die Mähren wohnten – nämlich in Südosteuropa. Seit etwa 800 Jahren wird er aber auch bei uns angebaut.

*Meerrettich ist eine ideale Zutat in der winterlichen Küche, denn er enthält mehr Vitamin C als Orangen.*

### Die Hauptwirkstoffe

- Benzyl-Isothiozyanat: wirkt antibiotisch. Der Verzehr von zehn Gramm Meerrettichwurzel ist gleichbedeutend mit der Aufnahme von 20 Milligramm Penizillin – freilich ohne die Risiken des pharmazeutischen Klassikers.
- Vitamin C: Nur die wenigsten wissen, dass Meerrettich sehr viel Vitamin C besitzt. Mit 119 Milligramm auf 100 Gramm schlägt er sogar solch ergiebige Vitamin-C-Bomben wie Tomaten, Paprika, Ebereschenfrüchte, Erdbeeren, Grapefruits, Orangen und Kiwis. Das Vitamin wird vor allem zur Stärkung des Immunsystems benötigt.

### Die medizinischen Wirkungen

Meerrettich hilft bei:

- Bronchitis
- Grippalen Infekten
- Blasen- und Harnröhrenentzündungen
- Husten
- Nasennebenhöhlenentzündungen
- Schnupfen

## Anwendung in der Küche

Meerrettich schmeckt beißend scharf. Frisch gerieben oder geraspelt, passt er als Beilage zu gebratenem oder gekochtem Rindfleisch. Die vorgeraspelte Ware aus dem Glas passt zu Saucen und Suppen. Geben Sie Meerrettich bei heißen Speisen erst am Ende zu, sonst verflüchtigt sich sein Aroma!

**Meerrettich wird in zahlreichen medizinischen Präparaten gegen Harnwegsinfekte sowie gegen Mandel- und Nasennebenhöhlenentzündungen verarbeitet.**

## Einkauf

Erntezeit für den Meerrettich ist in unseren Breiten der Herbst; zu dieser Zeit erhält man auch die Wurzeln mit der stärksten Würzkraft und dem höchsten Gehalt an Vitamin C. Kaufen Sie keinen gekeimten oder grünlich verfärbten Meerrettich, denn er schmeckt bitter.

Die Meerrettichwurzeln werden geschält und zerrieben. Nehmen Sie immer nur so viel, wie wirklich gebraucht wird. Kleine Meerrettichstückchen lohnen sich nicht zur Aufbewahrung, weil sie schon nach wenigen Stunden fast alle wichtigen Biostoffe verloren haben. Komplette Meerrettichwurzeln lagern Sie in Sandkisten oder aber – gut mit Alufolie versiegelt – im Kühlschrank.

Für Saucen und Suppen eignet sich auch der geriebene oder gemahlene Meerrettich aus dem Glas. Er enthält allerdings nur noch wenig Vitamin C. Angebrochene Gläser lagern am besten im Kühlschrank.

### *Das Meerrettichrezept*

**Lachsschnitte mit Meerrettichkruste (für 4 Portionen)**
**Zutaten:** *600 g kleine Kartoffeln • 4 Lachsschnitten à 150 g • Salz, Pfeffer • 1 Messerspitze Muskat*
*2 EL Olivenöl • 8 trockene Scheiben Toastbrot*
*1 Eigelb • 2 EL Sahnemeerrettich aus dem Glas*
**Zum Garnieren:** *Dill • 1 Zitrone*

Die Kartoffeln schälen und in Salzwasser garen. Den Lachs mit Salz, Pfeffer und Muskat würzen und im Öl kurz von beiden Seiten anbraten.

Die Toastscheiben fein reiben (falls sie noch zu weich sind, vorher nochmals kurz antoasten und auskühlen lassen). Das Eigelb, den Meerrettich und das geriebene Toastbrot vermengen und anschließend auf den Lachs streichen.

Die bestrichenen Lachsschnitten im Backofen bei 200 °C etwa 5 bis 8 Minuten überbacken.

Die Lachsschnitten und die Kartoffeln dekorativ anrichten und mit gehacktem Dill und Zitronenscheiben verzieren.

Als Beilage zum Meerrettichlachs eignet sich sehr gut Spinat, der dann ebenfalls ein wenig mit Muskat gewürzt werden sollte.

*Neben der Muskatnuss werden auch die Blüten des Muskatnussbaums als Gewürz verwendet. Ihr zartes Aroma erinnert an Pfeffer und Zimt.*

## Muskatnuss

Der Muskatbaum liefert zwei Gewürze, zum einen den Mantel der Samen (Mazis), zum anderen den Samenkern, der weitläufig als Muskatnuss bezeichnet wird. In der modernen Medizin spielt sie heute nur noch eine geringe Rolle, in den heutigen Küchen ist sie jedoch nicht mehr wegzudenken.

### Die Hauptwirkstoffe

- Fette und ätherische Öle: schleimlösend und leicht antibiotisch wirkend
- Myristizin und Elimizin: wirken beruhigend, in größeren Mengen führen sie zu Halluzinationen und bei Schwangeren zu Fehlgeburten.

## Die medizinischen Wirkungen

Muskatnuss hilft bei:
- Schlafstörungen
- Erkältungen

## Anwendung in der Küche

Muskatnüsse verströmen ein intensives und unvergleichliches Aroma, ihr Geschmack ist feurig-süß. In der Küche sind sie ungemein vielseitig einsetzbar, zu süßen Speisen genauso wie zu salzigen und sauren Mahlzeiten. Die Araber würzen mit Muskat ihre Lamm- und Schaffleischgerichte, die Italiener verwenden sie bei Kalbfleisch und gemischtem Gemüse.
Regelrechte »Muskatfreaks« sind die Holländer, die das Gewürz für Honigkuchen, Makkaronis, Fruchtpuddings, Kartoffelbrei, Weißkohl, Blumenkohl und Spinat verwenden. In lichtundurchlässigen und fest verschließbaren Behältern halten sich ganze Muskatnüsse bis zu zwei Jahre lang.

**Muskatnuss kann zu schweren psychischen Störungen führen. Allerdings sind dazu Mengen nötig, die über das normale Würzen nicht erreicht werden.**

## Einkauf

Die im Handel erhältlichen Muskatnüsse können in der Qualität sehr unterschiedlich sein. Grundsätzlich gilt: Je höher ihr Gehalt an ätherischem Öl, desto besser ist ihr Geschmack, und der Ölgehalt ist in der Ursprungsmuskatnuss Myristica fragrans am höchsten. Die Papua-Muskatnuss Myristica argentea schmeckt demgegenüber weniger intensiv, verbreitet dafür einen strengen, bisweilen unangenehmen Geruch.
Kaufen Sie nur die ganzen Nüsse und nicht das vorgefertigte, geschmacklich bereits vollständig verarmte Muskatpulver. Die Früchte kann man problemlos mit der guten alten Muskatreibe zum Einsatz bringen.

*Das Muskatrezept*

**Spaghetti mit Muskat-Spinat-Sauce (für 4 Portionen)**
**Zutaten:** *1 Zwiebel • 2 EL Butter • 1 große Packung (600 g) Tiefkühlspinat • 150 g Schmelzkäse*
*1 EL Sahne • 2 gepresste Knoblauchzehen*
*1 gestrichener EL geriebene Muskatnuss • Salz, Pfeffer*
*500 g Spaghetti*
Die Zwiebel abziehen, in kleine Stücke schneiden und in der heißen Butter kurz andünsten.
Dann den Spinat mit etwas Wasser hinzufügen und – wenn der Spinat weich ist – den Schmelzkäse und die Sahne zugeben. Alles zusammen noch ein paar Minuten kochen lassen, am Ende den gepressten Knoblauch und die Muskatnuss hinzufügen. Mit Salz und Pfeffer abschmecken. Währenddessen die Spaghetti in reichlich Salzwasser 10 Minuten kochen lassen, abgießen, auf den einzelnen Tellern verteilen und mit der Spinat-Muskat-Sauce übergießen.

**Oregano schmeckt zwar recht intensiv, dennoch lässt er sich gut mit anderen Gewürzen kombinieren, vor allem mit Thymian, Ajowan und Rosmarin. Weniger geeignet ist allerdings Majoran.**

## Oregano

Oregano ist ein naher Verwandter des Majorans. Er wurde bereits im antiken Griechenland als Heilmittel gegen Vergiftungen eingesetzt. Erst die Römer begannen jedoch mit dem Anbau des aromatischen Krauts, um es dann allerdings nicht mehr zu medizinischen, sondern zu kulinarischen Zwecken zu verwenden. Auch heute noch wird Oregano überwiegend im Mittelmeergebiet kultiviert. Weitere Hochburgen von Anbau und Verzehr sind Mexiko und die USA – der »Mexican oregano« gehört jedoch zu einer anderen botanischen Familie als die europäischen Arten, aufgrund seines schärferen Geschmacks wird er gern in Chiligerichten eingesetzt.

## Die Hauptwirkstoffe

- Thymol: wirkt antibiotisch
- Karvakrol: schmerz- und entzündungshemmend
- Bitterstoffe: appetit- und verdauungsfördernd

*Oregano ist extrem kälteempfindlich und wird deshalb sogar in warmen Gegenden meist als einjährige Pflanze angebaut.*

## Die medizinischen Wirkungen

Oreganoblätter helfen bei:

- Halsentzündungen
- Husten
- Kopfschmerzen
- Rachenentzündungen
- Zahnfleischentzündungen

Oregano unterstützt außerdem die Verdauung von eiweißreichen Speisen wie Käse- und Fleischgerichten.

## Anwendung in der Küche

Die nach einer Mischung aus Thymian und Majoran duftenden und scharf schmeckenden Blätter finden sich in jedem klassischen italienischen Pizza- und Tomatengericht. Weitere Einsatzmöglichkeiten sind Salatsaucen, Suppen mit Kartoffeln, Graupen oder Bohnen sowie Zucchini, Auberginen, Kochfisch und sämtliche Fleischgerichte. Der Mexican oregano ist wichtiger Bestandteil des bekannten Bohnengerichts Chili con carne.
Sein volles Aroma entfaltet Oregano erst beim Kochen. Er wird daher bei heißen Speisen schon zu Beginn der Garzeit hinzugegeben.

## Einkauf

Oregano schmeckt nicht nur frisch, sondern die getrocknete Ware hält ihr Aroma auch relativ lange. Voraussetzung ist allerdings, dass er licht- und hitzegeschützt in einer gut schließenden Dose aufbewahrt wird. Ein Gewürzbord in unmittelbarer Nähe des Herds ist darum auch hier nicht zu empfehlen.

**Seinen Beinamen »Wilder Majoran« trägt der Oregano zu Recht. In den gebirgigen Gegenden der Mittelmeerländer wächst er wie Unkraut und erfüllt ganze Landstriche mit seinem Duft.**

*Das Oreganorezept*

**Kleine Olivenfladen mit Sonnenblumenkernen »Thanksgiving« (für 16 Stücke)**

**Zutaten:** *125 g Sonnenblumenkerne • 125 g saure Sahne • 125 ml lauwarmes Wasser • 20 g frische Hefe 1 TL Meersalz • 2 gestrichene TL getrockneter Oregano 250 g fein gemahlenes Weizenmehl • 50 g fein gemahlenes Roggenmehl • 100 g schwarze Oliven (in Salzwasser eingelegt)*

**Zum Bestreuen:** *2–3 EL Sonnenblumenkerne*

**Für das Blech:** *Butter*

Für die Olivenfladen die Sonnenblumenkerne hellgelb rösten, abkühlen lassen.

Saure Sahne (Zimmertemperatur), Wasser, Hefe und Salz in einer Schüssel verrühren, bis die Hefe aufgelöst ist. Den Oregano und die beiden Mehle mit den Knethaken der Küchenmaschine unterrühren. Den Teig 10 Minuten durchkneten, dann etwa 45 Minuten zugedeckt bei Zimmertemperatur gehen lassen.

Die Oliven entkernen, in Streifen schneiden und zusammen mit den gerösteten Sonnenblumenkernen unter den Teig kneten.

Mit einem nassen Esslöffel 16 Teigstücke abstechen und zwischen den angefeuchteten Händen zu flachen Fladen drücken. Die Fladen auf ein gefettetes Blech legen, mit Sonnenblumenkernen bestreuen, diese andrücken. Bei 225 °C etwa 35 Minuten backen.

Dazu passt: Knoblauch-Kräuter-Butter und Salat mit gelben Paprikaschoten, Zucchini und Tomaten.

# Paprika

Die ursprüngliche Heimat des Paprikas sind die Tropen und Subtropen Südamerikas. Mit Kolumbus kam er nach Europa, vor allem in höheren Kreisen begann man von einem feuerroten Gewürz zu schwärmen, das so »süß wie die Sünde« und so »scharf wie der Teufel« sei.

*Neben Edelsüß-, Delikatess- und Rosenpaprika gibt es noch Halbsüß-, Scharf- und Mildpaprika. Sie sind allerdings weniger gebräuchlich.*

## Die Hauptwirkstoffe

- Kapsaizin: verhindert die Blutgerinnung, verbessert die Fließeigenschaften des Bluts
- Karotinoide: Krebs und entzündungshemmend

## Die medizinischen Wirkungen

Paprika hilft bei:

- Arteriosklerose und ihren Folgeerkrankungen
- Durchblutungsstörungen

## Anwendung in der Küche

Zu den gebräuchlichsten Paprikagewürzen zählen:

- Delikatesspaprika mit kaum spürbarem Eigengeschmack, aber sanft duftend und mit intensiver Färbung. Er eignet sich vor allem für Speisen, denen Sie eine kräftige rötliche Farbe geben wollen, außerdem unterstützt er die Schärfe von Pfeffer.
- Edelsüßpaprika, dunkelrot, mittelscharf, aromatisch und leicht süßlich. Der edelsüße Paprika ist vielfältig einsetzbar, er gehört nicht nur in ungarische und österreichische Fleischgerichte, sondern lässt sich auch auf Bratfisch, Käse und Quarkspeisen genießen. Sogar zu manchen Desserts passt er hervorragend.

▶ Rosenpaprika, hellrot und sehr scharf. Rosenpaprika färbt weniger, ist dafür aber so scharf, dass man ihn als Pfefferersatz nehmen kann.

Wichtig: Paprikapulver niemals in siedendes Fett geben! Das lässt den Zucker auskristallisieren, mit der Folge, dass das Gewürz seine rote Farbe verliert und ekelhaft bitter schmeckt.

**Da Paprikapulver nicht nur würzt, sondern auch bindet, macht es vor allem beim Herstellen von Saucen Sinn, Delikatess- und Edelsüßpaprika löffelweise hineinzugeben.**

### Einkauf

Als Gewürz wird Paprika in Form von Pulver verwendet. Dieses Pulver hat grundsätzlich den Nachteil, dass es recht schnell an Aroma verliert.

#### *Das Paprikarezept*

**Hirtenbrot (für 2 Portionen)**

**Zutaten:** *2 Zwiebeln • 3 grüne Paprikaschoten*
*250 g Mettwürstchen • 1 TL Edelsüßpaprikapulver*
*Salz, Pfeffer • 4 Scheiben Vollkornbrot • Butter bzw. Streichkäse • 1 Becher Crème fraîche*

Zwiebeln abziehen und in Ringe schneiden, Paprikaschoten entkernen und in Streifen schneiden.

Wurst in Scheiben schneiden und in der Pfanne im Öl auf kleiner Hitze kurz anbraten. Zwiebelringe und Paprikastreifen 5 Minuten mitdünsten, mit Paprika, Salz und Pfeffer abschmecken.

Das Brot mit Butter oder Streichkäse bestreichen. Die Wurst-Paprika-Mischung darauf verteilen, bei Bedarf mit Crème fraîche veredeln.

## Petersilie

Die Petersilie wurde schon in der Antike als Heilpflanze geschätzt. Man bescheinigte ihr harntreibende und menstruationsfördernde Wirkungen, im Mittelalter erlangte sie traurige Berühmtheit als Mittel zum Durchführen von Abtreibungen. Im 16. Jahrhundert wanderte das Kraut aus den Taschen der Ärzte mehr und mehr in die Töpfe der Köche. Auch heute wird es weniger als Heilkraut denn als Gewürz oder Salatbeilage eingesetzt.

## Die Hauptwirkstoffe

- Vitamin C: 100 Gramm Petersilie enthalten 166 Milligramm Vitamin C, ein Spitzenwert unter den Gewürz- und Gemüsepflanzen! Das Vitamin wird für ein gesundes Immunsystem benötigt.
- Kalium: hilft gegen Wassersucht, fördert die Harnausscheidung
- Eisen: wichtiges Blutbildungsmineral
- Kalzium: wichtiges Mineral für Knochen und Zähne
- Apiol: dient der Anregung von Verdauung und Menstruation

*Petersilie ähnelt im Geschmack der Muskatnuss. Der Grund: Myristizin, ein ätherisches Öl, das man in beiden Gewürzen findet.*

## Die medizinischen Wirkungen

Petersilie hilft bei:

- Abwehrschwäche
- Blasenschwäche
- Eisenmangel und Blutarmut
- Harnsteinen
- Osteoporose
- Verzögerten oder zu schwachen Regelblutungen

## Anwendung in der Küche

Die krausen Blätter des Krauts eignen sich mehr zur Dekoration als zum Verzehr, während die glatten Blätter als Gewürz zu allen möglichen Speisen eingesetzt und mit zahlreichen anderen Kräutern wie Dill, Kerbel, Schnittlauch und Zitronenmelisse kombiniert werden können. In warmen Gerichten wird der herbe Geschmack der Petersilie verstärkt, wobei das Kraut allerdings erst beim Servieren hinzukommen sollte und nicht schon beim Kochen – denn während des Garens geht neben dem Geschmack vor allem das Vitamin C in großem Umfang verloren.

**Warnung: Große Mengen des Petersilienwirkstoffs Apiol können Frühgeburten auslösen, oftmals einhergehend mit erheblichen Nebenwirkungen auf Nerven und Nieren. Aus heutiger Sicht der Forschung muss entschieden davor gewarnt werden, während der Schwangerschaft größere Mengen an Petersilie zu essen. Gegen ihren normalen Einsatz als Gewürz ist freilich nichts einzuwenden.**

## Einkauf

Wer wirklich die ganze Würzkraft der Petersilie erleben will, sollte nur frisches Kraut verwenden. Denn die getrocknete und gepulverte Ware ist ebenso unansehnlich wie geschmacksarm, auch Petersilie aus der Tiefkühltruhe ist allenfalls noch grün.
Nach dem Kauf stellen Sie die Petersilie am besten in ein Glas Wasser, um das Welken zu verzögern.

### *Das Petersilienrezept*

**Jambon persillé aus Burgund (für 6 Portionen)**
**Zutaten:** *1 kg magerer Kochschinken • 1 Kalbsknochen 2 Gewürznelken • 1 Zwiebel • 6 Pfefferkörner 1 Möhre • 2 Bund Petersilie • 2 gepresste Knoblauchzehen • 1 Glas herber Weißwein • 1 TL Essig • Salz*
Den Schinken in eiergroße Stücke zerteilen.
Kalbsknochen mit der halbierten, mit Nelken besteckten Zwiebel, den Pfefferkörnern, der klein geschnittenen Möhre, den Petersilienstängeln sowie dem gepressten Knoblauch mit etwas Wasser 1 Stunde lang kochen, dabei öfter abschäumen. Am Ende den Weißwein zugießen und mit Essig und Salz abschmecken. Durch ein Sieb gießen, den Sud aufbewahren.
Die Schinkenstücke mit der klein gehackten Petersilie vermischen und den Sud darüber gießen. Den Inhalt der Schüssel soweit zusammendrücken, dass die Flüssigkeit gerade eben bis zur Höhe des Schinkens reicht.

Das Ganze im Kühlschrank oder auf einer kalten Fensterbank erstarren lassen. Später können Sie dann den Jambon persillé wie ein Brot in Scheiben schneiden. Jambon persillé eignet sich dünn geschnitten als Vorspeise und mit Vollkornbrot als leichtes Abendessen. Besonders würzig: Jambon Persillé mit Bratkartoffeln.

**Im Handel erhält man oft den bunten Pfeffer. Bei ihm handelt es sich um eine Mischung aus weißem, schwarzem und grünem Pfeffer, oft werden auch noch andere Gewürze wie Paprika oder Oregano beigemischt.**

## Pfeffer

Eine ganze Reihe von scharfen Gewürzen wird gern als Pfeffer bezeichnet, so gibt es schwarzen, weißen und grünen Pfeffer sowie rosa-, Chili-, Nelken-, Cayenne- und Spanischen Pfeffer. In hiesigen Küchen dominieren schwarzer, weißer und grüner Pfeffer, die allesamt vom schwarzen Pfeffergewächs Piper nigrum abstammen. Stark im Kommen ist jedoch auch der Cayennepfeffer vom Nachtschattengewächs Capsicum frutescens, er konnte in jüngster Zeit auch seine vorbeugende Kraft gegen Darmkrebs unter Beweis stellen. Beim Spanischen Pfeffer handelt es sich um den Paprika, der daher auch unter diesem Kapitel abgehandelt wird.

### Die Hauptwirkstoffe

- Piperin: stark erwärmend, stoffwechsel- und verdauungsanregend
- Kapsaizin (hauptsächlich in Cayennepfeffer): Krebs, schmerz- und entzündungshemmend

### Die medizinischen Wirkungen

Pfeffer hilft bei:

- Kalten Händen und Füßen
- Reduzierter Magensäuresekretion
- Übergewicht
- Verdauungsschwäche

Regelmäßige Anwendung von Cayennepfeffer wirkt vorbeugend gegen Darmkrebs. Seine äußerliche Anwendung hilft bei Migräne sowie Muskel- und Gelenkschmerzen. Die entsprechenden Kapsikumpräparate erhält man in der Apotheke.

## Anwendung in der Küche

Piper nigrum beliefert uns mit schwarzem, weißem und grünem Pfeffer.

▸ **Weißer Pfeffer**

Werden die orangeroten Beeren des Pfefferstrauchs vollreif geerntet und anschließend zur Fermentation auf große Haufen geworfen, lässt sich kurz darauf das weiche Fruchtfleisch samt Schale herunterwaschen, so dass nur die weißen Pfeffersamen übrig bleiben. Sie schmecken mittelscharf und aromatisch.

*Pfefferkörner wurden den Göttern als Geschenk dargebracht und dienten in der Antike als Steuerabgabe, Währung und Lösegeld.*

▸ **Schwarzer Pfeffer**

Er ist ein wenig preiswerter als der weiße Pfeffer. Seine Herstellung besteht schlicht und einfach darin, dass die noch etwas unreifen Beeren an der Luft zum Trocknen ausgelegt werden. Er schmeckt etwas milder als sein grünes Pendant.

▸ **Grüner Pfeffer**

Der grüne Pfeffer erhält sein intensives Aroma und seine Farbe dadurch, dass die unreifen Früchte in saurer Salzlake eingelegt werden. Er bringt neben seiner Schärfe auch immer etwas Salz aus der Lake mit in die Speisen ein.

Es gibt praktisch kein Gericht, für das der Pfeffer nicht anwendbar wäre, selbst einige Süßspeisen können mit ihm noch etwas aufgepeppt werden. Grundregel: Weißer Pfeffer kommt an helle Speisen, schwarzer Pfeffer an dunkle. Grüner Pfeffer macht sich gut zu Steaks, Hackfleisch, Suppen, Saucen und Fleischfüllungen.

▸ **Cayennepfeffer**

Cayennepfeffer stammt von einem ganz anderen Gewächs als die klassischen Pfeffersorten und unterscheidet sich daher auch im Gewürzprofil von ihnen. Er enthält wenig ätherische Öle, dafür aber umso mehr von dem Scharfmacher Kapsaizin.

**In Frankreich gibt es einen speziellen Pfeffer namens »Mignonette«. Es handelt sich dabei um gehackten schwarzen Pfeffer. Er passt gut zu gebratenem und gegrilltem Fleisch.**

## *Einkauf*

Pfeffer schmeckt intensiver, wenn er ungemahlen in ganzen Früchten gekauft und erst bei Bedarf in der Mühle zerkleinert wird. Außerdem bewahren die unversehrten Körner besser ihre Würzkraft; in gut verschließbaren Behältern halten sie sich bis zu zwei Jahren.

### *Das Pfefferrezept*

**Griechischer Porree mit Pfefferkörnern (für 4 Portionen)**

**Zutaten:** *1 Zwiebel • 300 ml Wasser • 3 Korianderkörner • 8 schwarze Pfefferkörner • 1 Messerspitze Thymian • Salz • 500 g Porreestangen • 3 EL gehackte Petersilie*

Die Zwiebel abziehen und in Ringe schneiden.

Das Wasser aufkochen, die Zwiebeln und die Gewürze mit Ausnahme der Petersilie hineingeben und alles 10 Minuten bei kleiner Hitze kochen lassen. Mit Salz abschmecken.

Währenddessen den Porree putzen, dann die kompletten Stangen in den Topf geben und 10 bis 15 Minuten kochen lassen, bis sie gar sind.

Den Porree herausnehmen, auf die Teller verteilen, mit der Suppe übergießen und mit Petersilie bestreuen. Essen Sie dazu Fladenbrot mit etwas Kümmel.

## Rosmarin

Eine Pflanze, um die sich allerlei alte Mythen ranken: In der römischen Mythologie verliehen die Götter einem Mädchen ewiges Leben, indem sie es in die Blume »Rosemarie« verwandelten. Die zartblauen Blüten verdankt der Rosmarin christlichen Vorstellungen zufolge dem Umstand, dass Maria eine Windel des Jesuskindes über ihm trocknete, und Ophelia knüpfte im »Hamlet« einen Rosmarinkranz als Zeichen ihrer Treue. Nichtsdestotrotz konnte sich Rosmarin hierzulande weniger als Gewürz denn als Medikament durchsetzen, in südlichen Küchen wird er jedoch in großem Umfang verwendet.

**Entblätterte, verholzte Rosmarinzweige können als Grillspieße für Gemüse- oder Fleischstücke verwendet werden. Pikant ist aber auch, die Zweige direkt auf den Holzkohlengrill zu legen.**

### Die Hauptwirkstoffe

- Ätherische Öle: verdauungsfördernd, galleanregend, herzkräftigend, kreislaufstabilisierend und entkrampfend für die Gallenwege
- Eisen: Mit 8,5 Milligramm auf 100 Gramm nimmt Rosmarin bei den Gewürzen eine Spitzenposition ein. Das Mineral wird für die Blutbildung benötigt.

### Die medizinischen Wirkungen

Äußerlich angewandt unterstützt Rosmarin die Wärmetherapie bei:

- Muskelverletzungen
- Rheumatischen Erkrankungen
- Gelenkentzündungen
- Verstauchungen

Innerlich hilft Rosmarin bei:

- Angina pectoris
- Erschöpfung
- Gallenblasenbeschwerden

- Herzschwäche
- Müdigkeit
- Niedrigem Blutdruck

Die entsprechenden Präparate erhält man in der Apotheke und im Reformhaus.

## Anwendung in der Küche

*Seinen Namen verdankt Rosmarin dem lateinischen »ros marinus« = Meertau, das wahrscheinlich auf seine zartblauen Blüten zurückgeht.*

Rosmarin riecht durch seine ätherischen Öle ein wenig nach Kiefern und Weihrauch, sein Geschmack ist frisch und leicht bitter.

Spitzenreiter in der Verwendung von Rosmarin sind die Köche Italiens, hierzulande führt das aromatische Gewürz leider ein Schattendasein. Dabei schmeckt Rosmarin zu jeder Art Fleisch sowie zu Fisch, Tomaten, Käse und Pilzen. Er entfaltet sein Aroma am besten durch Hitze, sollte daher bei heißen Speisen stets mitgekocht oder -gebraten werden. Besonders pikant und gesundheitlich wertvoll sind Rosmarinwein und -honig zur Kräftigung des Herzes und zur Therapie von niedrigem Blutdruck.

## Einkauf

Frische Rosmarinblätter besitzen einen recht intensiven Kampfergeschmack, der nicht jedermanns Sache ist; außerdem sind seine nadelartigen Blätter vom Kaugefühl her recht gewöhnungsbedürftig. Zum Würzen ist daher getrockneter Rosmarin besser geeignet. Kaufen Sie jedoch auch hier die kompletten Blätter, um sie dann bei Bedarf über dem Essen zu zerreiben, oder geben Sie ein komplettes Zweiglein mit zum Koch- oder Bratgut, das Sie nach Ende der Garzeit wieder entfernen.

*Das Rosmarinrezept*

**Tomatensuppe mit Orangen und Rosmarin (für 4 Portionen)**
**Zutaten:** *1 kg reife Tomaten • 1 Gemüsezwiebel 1 TL Olivenöl • 1 gepresste Knoblauchzehe 100 ml Wasser • 1 TL zerkleinerter Rosmarin • Salz, Pfeffer • 2 Orangen • 2 EL gehackte Petersilie*
Die Tomaten von den Stielansätzen befreien, kurz überbrühen und abziehen, dann pürieren.
Zwiebel abziehen und in kleine Stücke hacken. Im erhitzten Öl zusammen mit dem Knoblauch andünsten lassen. Dann das Tomatenpüree zugeben und 3 Minuten garen lassen. Anschließend 100 Milliliter Wasser zugeben und kurz aufkochen lassen. Jetzt erst kommt der Rosmarin hinzu. Mit Salz und Pfeffer abschmecken, noch einmal 10 Minuten bei kleiner Hitze kochen lassen.
Währenddessen 1 Orange auspressen und den Saft in die Suppe geben. Die andere Orange schälen und in kleine Stücke schneiden, die dann ebenfalls der Suppe beigemengt werden.
Vor dem Servieren die einzelnen Portionen mit Petersilie bestreuen.

*Safran gehört zu den Krokusgewächsen. Seine Blüte bringt drei orangebraune Narben hervor, die von Hand gesammelt und anschließend getrocknet werden.*

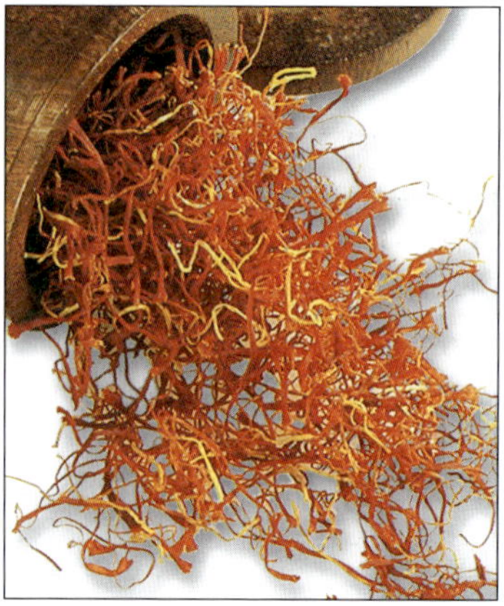

## Safran

Safran ist das teuerste Gewürz der Welt, ein Gramm von ihm kostet etwa so viel wie 400 Gramm Ingwer oder 700 Gramm Koriander. Die Gründe für diese atemberaubenden Preisunterschiede: Die Narben des Safrankrokus sind sehr klein, 20 000 Stück von ihnen ergeben gerade einmal 125 Gramm; außerdem müssen sie per Hand gepflückt werden. Safran wurde wahrscheinlich zuerst in Kleinasien angebaut. Heute kommt er aus den Mittelmeerländern sowie aus dem Iran und Kaschmir.

## *Anwendung in der Küche*

Der Geruch von Safran ist überaus intensiv, sein Geschmack ist bitter und hocharomatisch. Darüber hinaus besitzt Safran eine starke Färbekraft, nicht umsonst verwendete man ihn früher zum gelben Einfärben von Kleidungsstücken.

**Kulinarische Safran-hochburgen sind derzeit Spanien mit seinen Paellas und Zarzuelas, Frankreich mit seiner Bouillabaisse und Italien mit seinem Risotto. In England verwendet man ihn für Süßspeisen und Liköre.**

Probieren Sie Safran erst einmal aus! Wenn Sie ihn nicht kennen, sollten Sie sich erst einmal vorsichtig an ihn herantasten. Ganz wichtig: Streuen Sie ihn nicht direkt in die Speisen (Ausnahme: Suppen), lösen sie ihn erst in etwas Milch oder heißem Wasser, denn sonst kann es aufgrund der üblichen Minimaldosierungen passieren, dass sich der Safran in den Speisen nicht vollständig verteilt und sich dadurch gelbe Flecken im Essen bilden, die besonders intensiv schmecken.
Safran passt zu Fisch, Lamm, Hammel, Frischkäse, geschmortem Gemüse und Obst sowie zu Gebäck.

## *Einkauf*

Kaufen Sie nur die kompletten Safranfäden. Das vorgefertigte Pulver ist arm an Aroma, mitunter wird es von Händlern sogar mit Ringelblumenpulver gestreckt. Bei Besuchen in arabischen Ländern können Sie auf den dortigen Basaren verschiedenste Qualitäten zu sehr guten Preisen ersteigern.
Hochwertige Fäden sind kräftig rot, außerdem fühlen sie sich leicht fettig an. Safran ist sehr empfindlich gegen Licht, sollte also in lichtundurchlässigen Behältern aufbewahrt werden. Dort hält er sich etwa ein Jahr.

## Die Hauptwirkstoffe

- Pikrokrozin: wirkt appetitanregend
- Safranal: regt die Magensaftsekretion an, in hohen Dosierungen mobilisiert es die Muskulatur der Gebärmutter. Safran wurde früher zum Einleiten von Abtreibungen verwendet, allerdings bedarf es dazu sehr großer Mengen. In den normalen Dosierungen zum Essen stellt er für schwangere Frauen keinerlei Risiko dar.
- Riboflavin: ein B-Vitamin, das für die Energieproduktion aus Fetten und Kohlenhydraten benötigt wird

**Safran ist sehr teuer, nichtsdestotrotz ist der Preis angemessen. Denn die Würzkraft der Fäden ist einzigartig, es reichen also bereits kleinste Mengen aus, um einer Mahlzeit den unverwechselbaren Safrancharakter zu verleihen.**

## Die medizinischen Wirkungen

Safran hilft bei:

- Appetitmangel
- Magenträgheit
- Verdauungsbeschwerden

Achtung: Safrandosierungen von über fünf Gramm erhöhen das Risiko von Früh- und Fehlgeburten!

### *Das Safranrezept*

**Schmorapfel mit Safran und Sahne (für 4 Portionen)**
**Zutaten:** *6 süßsaure Äpfel • 2 TL Ghee (Butterreinfett) 1 EL brauner Rohrzucker • 4–5 Safranfäden • Milch 1 gestrichener TL Zimt • 1 Messerspitze gemahlener Koriander • 2 EL Sahne*

Die Äpfel waschen, entkernen und in kleine Stücke zerschneiden.

Ghee in der Pfanne erhitzen, den Zucker darin schmelzen lassen.

Die Safranfäden 10 Minuten lang in etwas Milch einlegen, dann mit den anderen Gewürzen den Äpfeln zugeben. Alles zusammen noch etwa 15 Minuten kochen lassen, zum Schluss die Sahne hinzufügen.

## Salbei

Auf der Welt gibt es insgesamt 900 unterschiedliche Salbeiarten, doch nur wenige von ihnen werden extra zu Heil- oder Küchenzwecken gesammelt und angebaut. Dazu zählen vor allem die beiden Arten Salvia officinale und Salvia triloba; Salvia sclarea wird aufgrund seiner starken Muskatnote vor allem von der Parfümindustrie angebaut. In Deutschland dominiert der Gartensalbei Salvia officinalis.

*Salbei hat schon seit Jahrhunderten einen guten Ruf. Ein alter Spruch besagt: »Nimm häufig Salbei an die Speis und du wirst nie ein Tattergreis.«*

### Die Hauptwirkstoffe

- Ätherische Öle: schweißhemmend, antiseptisch und entzündungshemmend
- Salvin: antibiotisch
- Rosmarinsäure: entzündungshemmend

### Medizinische Wirkungen

Salbei hilft bei:

- Blähungen
- Darmentzündungen
- Durchfall
- Grippalen Infekten
- Halsentzündungen
- Hyperhydrosis (übermäßige Schweißabsonderung)
- Magenentzündungen
- Nachtschweiß (z. B. während der Wechseljahre oder bei Hyperthyreose)
- Rachenentzündungen
- Zahnfleischentzündungen

Außerdem hemmt Salbei die Milchproduktion. Salbeitee erleichtert dadurch das Abstillen. Auf der anderen Seite sollten stillende Mütter auf Salbei verzichten.

## Anwendung in der Küche

Salbei gilt als klassisches Heilmittel, mit dem man gurgelt, wenn es im Hals brennt. In der Küche wird er daher stark unterschätzt und vernachlässigt.

Salbei schmeckt betont bitter, was allerdings beim frischen Kraut weniger ausgeprägt ist als beim getrockneten. Wohl dosiert bildet er jedoch eine ideale Würze für Fleisch, Fisch und Gemüse; in der französischen Küche wird er gern den Gänsefüllungen beigemischt. Allzu süße Obstsalate können mit Salbei wirksam gemildert werden; er kann also den Retter spielen, wenn der Griff in die Zuckerdose zu tief ausgefallen ist oder überreife Früchte verwendet wurden.

Der grundsätzliche Charakter des Salbeis ist die Kühle – damit unterscheidet er sich von Heißmachern wie Pfeffer oder Chili. Sein volles Aroma entfaltet er in heißen Speisen, wenn er mitgekocht wird.

**Frischer Salbei wird in Frischhaltebeuteln eingewickelt und hält sich dann im Kühlschrank drei bis fünf Tage lang. Getrockneter Salbei hält sich in gut verschließbaren Dosen bis zu einem Jahr.**

## Einkauf

Salbei gibt es frisch, getrocknet, tiefgefroren oder als Pulver. Als Gewürz eignen sich vor allem die Frischblätter und die Trockenware.

### *Das Salbeirezept*

**Zwiebelsuppe mit Salbei (für 2 Portionen)**
**Zutaten:** *300 g Zwiebeln • 1 EL Olivenöl • 200 g fest kochende Kartoffeln • 600 ml Hühnerbrühe • 1 Messerspitze gemahlener Koriander • 1 Zweig frischer Salbei 20 g durchwachsenen Speck ohne Schwarte • Salz, Pfeffer*

Die Zwiebeln von der äußersten Schale befreien, dann halbieren und in Scheiben schneiden. Im erhitzten Öl bei mittlerer Hitze hellbraun andünsten.

Die Kartoffeln schälen und in kleine Würfel schneiden. Die Brühe zu den Zwiebeln gießen, den Koriander und die Kartoffelstücke hinzugeben und das Ganze zugedeckt 20 Minuten leise kochen lassen.
Währenddessen den Salbei waschen und die Blätter in Streifen schneiden. Den Speck zu feinen Würfeln schneiden und bei mittlerer Hitze in der Pfanne ausbraten. Die Salbeistreifen im zerfließenden Speckfett knusprig braten. Die Salbei-Speck-Würfel schließlich auf die einzelnen Suppenportionen streuen.

**Schwarzkümmelumschlag gegen Akne und Hautekzeme: 1 Tasse Schwarzkümmelsamen mit 2 Tassen Apfelessig vermischen und 6 Stunden ziehen lassen. Schließlich abseihen und noch einmal 24 Stunden ziehen lassen. Tränken Sie damit einen Leinenumschlag, den Sie sich vor dem Zubettgehen für 10 Minuten aufs Gesicht legen.**

## Schwarzkümmel

Schon die alten Ägypter streuten Schwarzkümmel auf ihr Fladenbrot, die Leibärzte Tutenchamons hatten immer ein Schälchen von ihm parat, weil sie seine verdauungsfördernden und schmerzstillenden Eigenschaften zu schätzen wussten. Im 17. Jahrhundert wurde er in Europa zu kosmetischen Zwecken eingesetzt.

### Die Hauptwirkstoffe

- Ätherische Öle: verdauungsfördernd
- Linol- und Gamma-Linolensäure: allergien-, schmerz- und entzündungshemmend

### Die medizinischen Wirkungen

Schwarzkümmel hilft bei:

- Allergien (vor allem Neurodermitis und allergischen Atemwegserkrankungen)
- Arthritis
- Blähungen
- Rheumatischen Erkrankungen
- Verdauungsschwäche
- Magenträgheit

*Schwarzkümmel (Nigella sativa) wird gern mit dem schwarzen Kreuzkümmel (Cuminum) verwechselt. Geschmacklich und medizinisch bestehen zwischen beiden jedoch große Unterschiede.*

## Anwendung in der Küche

Schwarzkümmel besitzt ein schwaches Aroma, sein Geschmack ist leicht nussig und herb, erinnert an Mohn und Oregano. Er kann auch – genauso wie der Kreuzkümmel – geröstet werden, um dann aufs Brot gestreut zu werden, wie es etwa in Indien, der Türkei und im Mittleren Osten üblich ist. Aufgrund seines schwachen Aromas und seines dezenten Geschmacks kann Schwarzkümmel gut mit anderen Gewürzen kombiniert werden, so bildet er beispielsweise eine ideale Ergänzung zu Knoblauch, Koriander, Bohnenkraut, Ajowan und Thymian.

## Einkauf

Holen Sie im Handel am besten die kompletten Samen. Sie sind als solche vielseitig verwendbar, und man kann sie zudem in der Gewürzmühle problemlos zu Pulver verarbeiten. In einer gut verschließbaren Dose halten sie sich mindestens ein Jahr lang.

### *Das Schwarzkümmelrezept*

**Indischer Spinat (für 4 Portionen)**
**Zutaten:** *500 g Blattspinat • 2 EL Butterschmalz 2 EL Speiseöl • 2 Zwiebeln • 2 Knoblauchzehen 1 gestrichener TL gemahlener Ingwer • 1 gehäufter TL Schwarzkümmelsamen • 1 gestrichener TL gemahlener Kurkuma • Salz*
Den Spinat mehrmals in frischem Wasser waschen. Die harten Stängel entfernen.
In einem großen Topf Butterschmalz mit dem Öl zusammen erhitzen, fein gehackte Zwiebeln und Knob-

lauch darin andünsten. Die Gewürze und reichlich Salz unterrühren.
Den Spinat dazugeben, die Hitze reduzieren und das Gemüse unter häufigem Rühren 10 bis 15 Minuten leise kochen lassen. Sollte der Spinat am Boden festkleben, etwas Wasser hinzugießen.

## Senf

Die Senfsamen existieren in drei Varianten, als schwarzer, als indischer und als weißer Senf. Alle drei werden kulinarisch überall auf der Welt genutzt. In unseren Breiten überwiegen die industriell hergestellten Senfpasten, wie sie in Gläsern oder Tuben angeboten werden. In ihnen findet man allerdings neben gemahlenen Senfkörnern auch noch andere Gewürze und vor allem Salz.

*Senfkörner halten sich in gut verschließbaren Gefäßen bis zu einem Jahr; ähnliche Werte gelten für Senfpasten, die allerdings besser im Kühlschrank gelagert werden.*

### Die Hauptwirkstoffe

- Sinigrin und Myrosin: antibiotisch, vor allem auf Harnwege und Blase. Äußerlich aufgetragen mobilisieren sie die Durchblutung der Haut. Wichtig: Nur der schwarze Senf ist von medizinischer Bedeutung!

### Die medizinischen Wirkungen

Senf hilft bei:

- Blasenentzündungen
- Harnwegsentzündungen
- Heiserkeit
- Müdigkeit

Breiumschläge aus schwarzem Senf fördern die örtliche Durchblutung und erzeugen ein angenehmes Wärmegefühl. Sie werden deshalb in der Volksmedizin gern zur Therapie von rheumatischen Erkrankungen und Verspannungen eingesetzt.

### Anwendung in der Küche

Der weiße Senf schmeckt intensiv, ist aber nur von geringer Schärfe, ganz im Unterschied zum schwarzen Senf, der einem die Haare regelrecht zu Berge stehen lässt. Geschmacklich in der Mitte von beiden steht der indische Senf, er ist besonders reich an fettem Öl. Man bekommt ihn allerdings in Europa nur selten.

**Der im Neuen Testament erwähnte Senfbaum hat mit unserem heutigen Senf eigentlich nichts zu tun. Dieser Strauch (auch Zahnbürstenbaum genannt) ist ein Gewächs der asiatisch-afrikanischen Buschsteppe mit kresseähnlich schmeckender Rinde und essbaren Beeren.**

Der Geschmack der im Handel dominierenden Senfpasten hängt nicht nur davon ab, welche Senfkörner verwendet wurden, sondern auch von der Herstellung. Beim Bordeauxsenf werden die Samen mitsamt ihren geschmacksneutralen Schalen geschrotet, er ist daher vom Geschmack mittelscharf.

Beim Dijonsenf werden die schärfefreien Samenschalen abgesiebt und weggeworfen, sein Geschmack ist daher deutlich schärfer (das deutsche Gegenstück zum Dijonsenf ist übrigens der Düsseldorfer Löwensenf). Der bayerische Mostrich basiert fast ausschließlich auf weißem Senf und ist daher besonders mild. Ganz im Unterschied zum englischen Senf, der aus schalenfreiem Schwarzsenfpulver und etwas Mehl hergestellt wird.

Senf eignet sich für eine ganze Reihe von Speisen, vor allem aber zu Fleischgerichten. Die ganzen Körner passen gut zu Hülsenfrüchten.

### Einkauf

Authentisches Senfwürzen geschieht am besten durch die Verwendung der kompletten Senfkörner, die man dann bei Bedarf zermahlen kann. Die fertigen Senfpasten aus dem Handel werden leider zusätzlich zum Kochsalz immer noch mit Konservierungsstoffen verunreinigt, obwohl die ätherischen Öle der Senfkörner allein schon das Wachstum von Pilzen und Bakterien verhindern. Es gibt aber auch Produkte, bei denen auf diese Unsitte verzichtet wurde.

### *Das Senfrezept*

**Scharfes Erbsenpüree (für 2 Portionen)**
**Zutaten:** *2 EL Ghee (Butterreinfett) • 1 TL schwarze Senfkörner • 1 TL Koriander • 1 TL gemahlener Kreuzkümmel • 1 TL gemahlener Ingwer • 200 g Tiefkühlerbsen • 100 ml Wasser • Salz*
Schmalz im schweren Topf erhitzen, die Gewürze (ohne Salz!) hinzufügen und sofort den Topf mit einem Deckel verschließen.
Den Topf vom Herd nehmen, wenn die Senfkörner hörbar springen. Dann ein paar Sekunden warten, schließlich den Deckel herunternehmen und Erbsen und Wasser hinzufügen. Kurz aufkochen, dann noch einige Minuten bei kleiner Hitze kochen lassen.
Wenn die Erbsen weich sind, werden sie gesalzen und mit einem Stampfer oder einem Mixer püriert.

**Sesam schmeckt intensiver, wenn man ihn kurz vor Verwendung ohne Fett in einer beschichteten Pfanne röstet. In Korea und Japan kommt Sesam grundsätzlich nur geröstet zum Einsatz.**

## Sesam

Wer kennt nicht das Zauberwort »Sesam, öffne Dich!« aus »Ali Baba und die 40 Räuber«. Mindestens ebenso viele Samen wie märchenhafte Räuber treten zutage, wenn sich die Fruchtkapsel der Sesampflanze Sesamum indicum öffnet. Im Unterschied zu Ali Baba ist jedoch das, was aus der Frucht entströmt, wirklich von Nutzen. Denn Sesamsamen bilden nicht nur eine wertvolle geschmackliche Bereicherung der Küche, sie sind auch überaus gesund.

*Sesamsamen werden wegen ihres vorzüglichen, aromatischen Öls geschätzt. Dieses Öl macht die Hälfte des Gewichts der Samen aus.*

## Die Hauptwirkstoffe

- Linolsäure: gehört zu den essenziellen Fettsäuren, sorgt für eine Senkung des Blutcholesterinspiegels, stabilisiert das Immunsystem
- Sesamol: sorgt dafür, dass die Linolsäure in den gelagert Samen nicht oxidiert
- Kalzium: unerlässlich für Aufbau von Zähnen und Knochen
- Eisen: wichtiges Mineral für die Blutbildung. Sesamsamen enthalten etwa fünfmal so viel Eisen wie ein Stück Rindfleisch.

## Die medizinischen Wirkungen

Sesam hilft bei:

- Blutarmut
- Erhöhtem Cholesterinspiegel
- Fettstoffwechselstörungen
- Osteoporose

## Anwendung in der Küche

Sesam schmeckt leicht süßlich, mit deutlicher Nussnote. Er ist ein klassisches Backgewürz. Man streut ihn über Brot, Brötchen, Kekse und über das berühmte Halva, ein türkisches Gebäck.

Er passt aber auch zu Rind- oder Hühnerfleisch sowie zu Spinat, Spargel, Blumenkohl und grünen Bohnen. In den USA verwendet man ihn sogar als Fischgewürz.

## Einkauf

Sesam gibt es als getrocknete Samen zu kaufen. In fest verschließbaren Dosen halten sie etwa sechs Monate.

*Das Sesamrezept*

**Würziger Blattspinat mit Sesamsauce (für 4 Portionen)**
**Zutaten:** *1 kg Blattspinat • 1 EL Sesamöl • 3 EL Sojasauce • 65 g Sesamsamen • 3–4 EL Hühnerbrühe Pfeffer*
Den Spinat waschen, putzen, entstielen und kochen. In reichlich mit Sesamöl und Sojasauce gewürztem Wasser abschrecken.
Die Sesamsamen in einer trockenen Pfanne gleichmäßig rösten. Einen Löffel davon beiseite stellen. Die übrigen Samen im elektrischen Zerhacker oder Mixer zu einer dicken Paste zerkleinern, mit Sojasauce würzen und mit Brühe oder Spinatkochwasser zu einer cremigen Sauce glatt rühren. Mit Pfeffer abschmecken.
Den temperierten Spinat mit der Sauce mischen, auf einer Platte anrichten und zum Schluss mit den restlichen Sesamsamen bestreuen.

## Thymian

Thymian stammt ursprünglich aus dem Mittelmeerraum, die antiken Griechen verwendeten ihn als Heil- und Gewürzpflanze sowie als Zutat für ihre Rauchopfer; daher auch sein Name (von »thymiama« = Rauchopfer). Heute zählt Thymian zu den wichtigsten Medikamenten bei Bronchialerkrankungen wie Asthma, Bronchitis und grippalen Infekten.

**Frische Thymianblätter halten sich im Frischhaltebeutel im Kühlschrank drei bis vier Tage. Getrocknete Ware hält sich in gut verschließbaren Dosen bis zu einem Jahr.**

### Die Hauptwirkstoffe

- Thymol, Karvakrol, Zymol: die ätherischen Öle wirken in den Atemwegen antibiotisch und krampflösend.
- Gerbstoffe: machen die Darmwände robuster gegenüber Parasiten

- Eisen: Mit 55 Milligramm auf 100 Gramm kann Thymian bei Blutarmut eine wertvolle Hilfe sein.

## Medizinische Wirkungen

Thymian hilft bei:
- Blutarmut
- Bronchitis
- Darmentzündungen
- Grippalen Infekten
- Keuchhusten
- Schnupfen
- Verdauungsstörungen

*Ein alter Kräutersatz besagt: »Was die Pfefferminze für Magen und Darm, ist der Thymian für Luftröhre und Bronchien.« Es gibt kaum ein besseres Medikament für Erkrankungen der oberen Atemwege als Thymian.*

## Verwendung in der Küche

Thymian schmeckt streng und stark ätherisch; er darf daher nur sparsam verwendet werden, wenn die Speisen nicht zu medizinisch schmecken sollen.

Meister der Thymianwürze sind die Köche der französischen Provence, die ihn für die unterschiedlichsten Speisen einsetzen, vom Wildbraten über Gewürzgurken bis zum Kräuterlikör. Gerade Fleisch kann durch Thymian nur gewinnen, nicht nur an Verdaulichkeit, sondern auch an Geschmack. Besonders pikant schmeckt er zu Lammbraten.

Bei den Gemüsegerichten gewinnen vor allem Bohnen-, Tomaten- und Kartoffelsuppe sowie Pilzgemüse durch den Thymian, bei den Salaten empfiehlt er sich zu Bohnen, Tomaten, Kartoffeln und Roter Bete. Die ätherische Frische von Thymian harmoniert außerdem gut mit den Kräutern Rosmarin, Majoran, Salbei und Bohnenkraut.

## Einkauf

Thymian gibt es frisch und getrocknet zu kaufen; getrocknet bekommt man ihn gemahlen (eher geschmacksarm) oder in ganzen Blättchen. Die stärkste Würzkraft geht von den getrockneten Blättern aus, sie sollten in keiner Küche fehlen.

**Der Gewürzthymian hat einen nahen Verwandten, den Feld- oder Hühnerthymian. Dieser hat purpurrote Blüten und wächst im trockenen Grasland Europas und in den außertropischen Zonen Asiens, Grönlands und Nordamerikas.**

### *Das Thymianrezept*

**Steak Provence (für 2 Portionen)**
**Zutaten:** *2 dicke Schweinesteaks (à jeweils 200 g)*
*1/2 Brötchen, 1 Tag alt • 2 Knoblauchzehen • 1 EL klein gehackte Petersilie • 1 EL gehackte Thymianblätter*
*1 EL Sahne • 1 Eigelb • Salz, Pfeffer • 2 EL Olivenöl*
Die Steaks in Längsrichtung aufschneiden, so dass sie eine Tasche für die Füllung bekommen.
Das Brötchen in heißem Wasser aufweichen und sorgfältig ausdrücken. Die Knoblauchzehen abziehen und in die Brötchenmasse pressen. Dann die Gewürze sowie die Sahne und das Eigelb hinzugeben, gut vermischen, mit Salz und Pfeffer abschmecken.
Die Masse in die Steaktaschen hineindrücken und mit Zahnstochern verschließen.
Die Steaks in eine Pfanne mit heißem Olivenöl geben und braten.

## Vanille

Die Vanille wird aus den fermentierten Früchten einer Pflanze gewonnen, die zu der edlen Familie der Orchideen gehört. Dementsprechend zählt sie zu den teuersten Gewürzen überhaupt. Dennoch: Auf ihr Aroma trifft man überall, auch im Supermarkt. Vanillegeschmack wird häufig imitiert, man geht heute davon aus, dass

90 Prozent aller weltweiten Vanillegeschmacksnoten durch synthetische Ersatzstoffe erzeugt werden und nicht durch die teure Originalvanille.

*Hauptaromastoff der Vanille ist das Vanillin. Es wurde 1874 das erste Mal synthetisch hergestellt, und damit war der Weg frei für die zahlreichen Vanilleersatzstoffe, mit denen heute gewürzt wird. Diese Substanzen kommen jedoch in Geschmack und Aroma nicht ganz an die Originalpflanze heran, da ihnen die sonstigen ätherischen Öle der Vanille fehlen.*

## Die Hauptwirkstoffe

Vanillin: prägt Aroma und Geschmack der Vanilleschoten. Die Früchte enthalten aber auch noch 35 weitere, weniger vordringliche Aromastoffe.

## Die medizinischen Wirkungen

Vanille ist ein Gewürz, aber keine Heilpflanze. Im Mittelalter wurde Vanille allerdings als Aphrodisiakum eingesetzt.

## Anwendung in der Küche

Vanille taugt für alles, was süß ist, vor allem aber zu Speisen, die mit Milch oder Milchprodukten sowie mit Obst, Tee oder Schokolade zubereitet wurden. Die Kombination Vanille/Kakao war schon den alten Azteken bekannt. Der erfahrene Koch versteht es aber auch, die Vanille für pikante Geflügel- oder Kalbfleischgerichte einzusetzen.

Die Vanilleschoten werden entweder ganz mitgekocht, oder man schlitzt sie auf, um Mark bzw. Samen aus ihnen herauszuholen. Eine einmal aufgeschlitzte Schote kann durchaus noch weiter verwendet werden, wenn man sie in einem gut verschließbaren Glas aufbewahrt.

## Einkauf

Im Handel gibt es eine Unzahl von Vanillekopien, aber selten das Original zu kaufen. Die synthetischen Ersatzstoffe sind oft nicht schlecht, kommen aber natürlich nicht ganz an richtige Vanille heran. Die schwarzbraunen Vanillefrüchte werden gern pulverisiert und in Kombination mit Zucker angeboten – eine Mischung, die natürlich die tatsächlichen Würzmöglichkeiten von Vanille stark einschränkt.

Besser sind daher ganze Vanilleschoten, die in der Regel in reagenzglasähnlichen Röhrchen angeboten werden. Gute Qualität erkennt man am fettigen Glanz und einem weißen Überzug aus Vanillekristallen.

**Bis Mitte des 19. Jahrhunderts gab es ausschließlich »Vanille made in Mexico«. Dann entdeckte man jedoch eine Methode, wie man die Pflanze künstlich von Hand befruchten konnte, und dadurch wurde das mexikanische Monopol gebrochen. Heute wächst Vanille auch in Réunion (ehemalig Bourbon), Indonesien und Uganda, und der Löwenanteil an Vanille kommt mittlerweile aus Madagaskar.**

## *Das Vanillerezept*

### Panna cotta mit Vanille, Minze und Feigen (für 4 Portionen)

**Zutaten:** *1 Vanilleschote • 2 Becher Schlagsahne (je 250 g) • 2 EL Zucker • 3 Blatt weiße Gelatine 4 frische Feigen • einige Minzeblättchen • Puderzucker zum Bestäuben*

Die Vanilleschote aufschlitzen, das Mark auskratzen. Schote und Mark mit der Sahne und dem Zucker in einem Topf verrühren. Aufkochen, 15 bis 20 Minuten leise kochen lassen.

Inzwischen die Gelatine in kaltem Wasser einweichen. Die Vanilleschote aus der Sahne nehmen. Die Gelatine ausdrücken, in der heißen Sahne auflösen. In eine Schüssel oder vier kleine Förmchen gießen, 3 Stunden oder über Nacht im Kühlschrank erstarren lassen.

Zum Servieren die Creme mit zwei Löffeln zu Nocken formen oder aus den Förmchen stürzen. Auf Desserttellern arrangieren. Die Feigen in Spalten oder Scheiben schneiden, dazu legen. Mit Minzeblättchen garnieren, ganz leicht mit Puderzucker bestäuben.

Die ideale Zugabe zur Panna cotta ist ein fruchtig-säuerliches Mus aus frischen Waldbeeren.

## Zimt

Zimt wurde schon vor 4500 Jahren von den Chinesen als Gewürz eingesetzt. Im antiken Rom galt er als große Kostbarkeit, danach geriet er jedoch erst einmal wieder in Vergessenheit. Erst im 16. Jahrhundert entdeckten die Portugiesen Ceylon (das heutige Sri Lanka) und damit den Zimt, der heute zu den gebräuchlichsten Gewürzen überhaupt zählt. Man gewinnt ihn aus der getrockneten Rinde diverser Zimtbaumarten. Hauptlieferanten sind China, Indien, Sri Lanka, Indonesien, Brasilien und die Inseln des Indischen Ozeans.

**Zimtstangen halten sich in fest verschließbaren Behältern bis zu drei Jahre. Vorgefertigtes Zimtpulver hat bereits nach einigen Monaten sein Aroma verloren.**

### Die Hauptwirkstoffe

- Ätherische Öle: krampflösend, antiseptisch, kreislaufanregend
- Gerbstoffe: machen die Darmschleimhäute robuster gegenüber Parasiten

### Die medizinischen Wirkungen

Zimt hilft bei:

- Darminfektionen
- Durchfall
- Heiserkeit und Reizhusten
- Kreislaufschwäche
- Verdauungsträgheit

### Anwendung in der Küche

Zimt besitzt ein angenehm süßes und holziges Aroma mit hoher, aber nicht beißender Intensität. Der Geschmack ist süß-würzig, er erzeugt ein wohlig-warmes Gefühl. Es gibt eine ganze Reihe von unterschiedlich schmeckenden Zimtsorten. Hierzulande dominieren Ceylonzimt (auch Ceylonkanehl genannt) und Chinazimt (auch Cassiazimt genannt). Die Ceylonsorte ist aufgrund ihres milden und betont süßen Geschmacks vor allem für Süßspeisen, wie etwa Gebäck, Milchreis, Glühwein, Obst, Schokolade, Eis, Punsch, Likör und Tee, geeignet. Er wird vor allem in Stangenform angeboten.

Der schärfer schmeckende Cassiazimt kommt auf Currygerichte, Hammelfleisch und Fisch.

## Einkauf

Generell gilt, dass Zimtstangen an Würzkraft dem vorgefertigten Pulver überlegen sind. Allerdings kommt Cassiazimt hauptsächlich als Pulver in den deutschen Handel. Kaufen Sie nur kleinere Mengen davon, da es schnell an Aroma verliert.

*In Mexiko würzt man sogar den Kaffee mit Zimt – ein Brauch, den man sich auch in Deutschland überlegen sollte, da Zimt die magenaggressiven Eigenschaften von hohem Kaffeekonsum zu puffern vermag.*

### *Das Zimtrezept*

**Rotweinzwiebeln in Zimt (für 4 Portionen)**
**Zutaten:** *500–600 g Zwiebeln • 3 EL Butter 1 TL Pflanzenöl • 2 EL brauner Rohrzucker • Salz 2 EL Tomatenmark • 3 EL Apfelessig • 1/2 l leicht herber Rotwein • 1 Stange Zimt • 1 Messerspitze Kardamompulver • 1 Prise Cayennepfeffer*

Die Zwiebeln abziehen und in Butter und Öl anrösten. Zucker und etwas Salz darüber streuen, goldgelb andünsten.

Tomatenmark im Essig auflösen und gemeinsam mit dem Rotwein den Zwiebeln zufügen, wenn der braune Zucker geschmolzen ist. Die Zimtstange, Kardamom und den Cayennepfeffer hinzufügen. Bei schwacher Hitze kochen lassen, bis die Zwiebeln weich sind. Zwischendurch immer wieder mal umrühren.

# Gewürzmischungen aus aller Welt

*Wir begegnen im Alltag nicht nur Gewürzen in dieser Reinform, sondern auch Mischungen, die wir oftmals als solche gar nicht erkennen. Einige dieser Mischungen sind so populär geworden, dass sie fast schon als eigenständiges Gewürz empfunden werden.*

Berbere gibt es in zahlreichen Variationen; die hier ausgewählte ist besonders leicht zuzubereiten. In Äthiopien wird die Gewürzpaste zum Eintunken von rohem Fleisch angewendet. Das ist keinesfalls zur Nachahmung empfohlen!

## *Afrika*

### Tabil (tunesische Gewürzmischung)

**Zutaten:** *6 Knoblauchzehen • 1 EL Koriandersamen 1 TL schwarze Pfefferkörner • 1 TL Kümmelsamen*
**Zubereitung:** Knoblauch abziehen und dann zusammen mit den anderen Gewürzen im Mörser zerstoßen. Bei 100 °C im vorgeheizten Backofen etwa 30 Minuten trocknen lassen. Nach dem Trocknen zu einem feinen Pulver zermahlen.
**Passende Küchengerichte:** Gemüse- und Fleischgerichte, sehr gut zu Fleisch- und Gemüsesuppen

### Berbere (äthiopische Gewürzpaste)

**Zutaten:** *200 g Edelsüßpaprikapulver • 1 TL Ingwerpulver • 1 TL frisch geriebene Muskatnuss • 1 Messerspitze Kardamom • 1 Messerspitze Koriander 1 Messerspitze Bockshornklee • 1 Messerspitze Nelkenpulver • 1 Messerspitze Cayennepfeffer • 2 EL fein gehackte Zwiebeln • 6 ausgepresste Knoblauchzehen 2 EL Salz • 1 TL Ghee (Butterreinfett) • 300 ml Wasser 3 EL Rotwein • 2 EL Pflanzenöl*

*Gewürze international: Die Länder Asiens und Afrikas haben uns einiges voraus, was aromatische Würzmischungen angeht.*

**Zubereitung:** Alle Gewürze in einer großen Pfanne in das erhitzte Ghee geben, 2 Minuten unter Rühren leicht anrösten.
Nach und nach das Wasser und den Wein zugießen und unterrühren. 15 Minuten bei schwacher Hitze unter ständigem Rühren leise kochen lassen.
Die Paste vom Herd nehmen, in ein sauberes (ausgekochtes) Glas füllen und auf Zimmertemperatur abkühlen lassen. Zum Schluss das Öl darüber gießen und das Glas luftdicht verschließen. Im Kühlschrank hält sich Berbere etwa 4 Monate.
**Passende Küchengerichte:** vor allem für Fleischspeisen. Besonders schmackhaft ist es, Rindersteaks mit der würzigen Paste zu bestreichen.

Schon die traditionelle chinesische Heilmethode Kampo, aus der die Akupunktur hervorgegangen ist, setzte Kräuter und Gewürze ein, um den Energiefluss im Menschen anzuregen und zu stabilisieren.

## China

### *Fünfgewürzepulver*

**Zutaten:** *2 EL Sternanis • 1 Zimtstange • 2 Gewürznelken • 1 EL Fenchelsamen • 1 EL Szechuanpfeffer*
**Zubereitung:** Alle Zutaten gemeinsam im Mörser oder in der Gewürzmühle zerkleinern.
**Passende Küchengerichte:** Saucen, Marinaden, Rind- und Schweinefleisch sowie scharfe Entengerichte

### *Paste für pikante Gemüsegerichte*

**Zutaten:** *4 Zwiebeln • 5 Tomaten • 4 frische Chilischoten • 1 Stück Ingwer • 3 ausgepresste Knoblauchzehen • 6 EL Weißweinessig*
**Zubereitung:** Die Zwiebeln abziehen und in kleine Stücke hacken. Tomaten und Chilis waschen und von den Stielansätzen befreien. Die Tomaten vierteln. Alle Zutaten im Mixer zu einer Paste pürieren. Anschließend

in ein Glas füllen und im Kühlschrank aufbewahren. Dort hält sie sich etwa 3 Wochen.
**Passende Küchengerichte:** Vor allem für Gemüsespeisen oder Gemüsegerichte mit Fleischzusatz. Probieren sie mal die Paste zu Chili con carne! Sie werden sehen, dass sich Texas kulinarisch mit China verträgt!

### *Chinesisches Dessertgewürz*

**Zutaten:** *1 Zimtstange • 2–3 cm Ingwerwurzel*
*1 EL Fenchelsamen • 1 TL Gewürznelken*
*1 TL frisch gehackte Pfefferminze*
**Zubereitung:** Alle Gewürze im Mörser zerstoßen.
**Passende Küchengerichte:** vor allem Desserts, auch mit Obst, und süßsaure Chinagerichte

**Die Engländer konnten den Portugiesen nur für die kurze Zeit zwischen 1810 und 1816 das Gewürzmonopol abnehmen. Aber durch diesen ökonomischen Nachteil hat die englische Gewürzküche nicht gelitten.**

## England

### *Englisches Pudding- und Kuchengewürz*

**Zutaten:** *1 Stange Zimt • 1 EL Gewürznelken*
*1 EL geriebene Muskatnuss • 1 EL Mazis • 1 EL Koriandersamen • 1 TL zerstoßener Ingwer*
**Zubereitung:** Alle Gewürze zu einem Pulver zermahlen, gut vermischen.
**Passende Küchengerichte:** Backwaren, Pudding, heiße Schokolade

## Frankreich

### *Fines Herbes*

**Zutaten:** *4 EL zerkleinerte Petersilie • 2 EL zerkleinerter Schnittlauch • 2 EL zerkleinerter Kerbel • 2 TL zerkleinerter Estragon*

**Zubereitung:** Alle Kräuter frisch verwenden und gut miteinander vermischen.
**Passende Küchengerichte:** Eierspeisen, Salatsaucen, Dips für Rohkost, Brotaufstriche mit Quark, Streichkäse und Joghurt

### *Quatre épices*

**Zutaten:** *3 EL weißer Pfeffer aus der Mühle*
*1 TL geriebene Muskatnuss • 3 Gewürznelken*
*1 TL geriebener Ingwer*
**Zubereitung:** Alle Zutaten im Mörser zerstoßen und vermischen.
**Passende Küchengerichte:** Kohlgerichte, Spargel, Geflügelragouts

**Vom klassischen Kräuterstrauß Bouquet garni gibt es viele Varianten, hier wird nur eine davon – die geläufigste – vorgestellt. Wenn Sie beispielsweise die Gewürzmischung für Wildgerichte einsetzen wollen, sollten Sie den Schnittlauch gegen ein Lorbeerblatt eintauschen, bei Fisch ersetzen Sie den Majoran durch Fenchelblätter.**

### *Bouquet garni*

**Zutaten:** *2 Thymianzweige • 2 Majoranstängel*
*1 Bund Petersilie • 1 Bund Schnittlauch*
**Zubereitung:** Die einzelnen Kräuter werden in einem Strauß zusammengebunden und dem bereits gekochten Essen zugefügt.
**Passende Küchengerichte:** Der Bouquet garni passt zu Suppen, Geflügelgerichten und Quarkspeisen.

## Griechenland

### *Gyrosgewürz*

**Zutaten:** *1 EL Paprikapulver • 1 EL getrocknete Zwiebeln • 2 EL Oregano • 1 EL gemahlener schwarzer Pfeffer • 1 EL Rosmarin*
**Zubereitung:** Alle Zutaten miteinander vermischen.
**Passende Küchengerichte:** Gyros, Lamm- und Hammelgerichte, gegrillte Schweinefleischspieße

## Indien

### *Chat Masala (nordindische Gewürzmischung)*

**Zutaten:** *1 TL schwarze Pfefferkörner • 1 EL Kreuzkümmelsamen • 1 TL Thymian • 1 TL zerkleinerte Pfefferminze • 2 TL Mangopulver • 1 TL Cayennepfeffer • 2 TL gemahlener Ingwer*
**Zubereitung:** Pfefferkörner sowie Kreuzkümmelsamen und Thymianblätter zermahlen und mit den anderen Gewürzen vermischen.
**Passende Küchengerichte:** Obstsalate, Obstquark, Fruchtdesserts

### *Curry (südindische Gewürzmischung)*

**Zutaten:** *3–4 EL Koriandersamen • 2 TL Kreuzkümmelsamen • 1 TL schwarze Pfefferkörner*
*1 TL Bockshornkleesamen • 1 gestrichener TL Ingwer*
*1 EL gemahlener Kurkuma • 1 EL Ghee*
**Zubereitung:** Gewürze in etwas Ghee (Butterreinfett) rösten, bis sie dunkel werden. Dabei häufig umrühren. Schließlich abkühlen lassen und mahlen.
Es können auch kleine Prisen an Senfkörnern und getrocknetem rotem Chilipulver hinzugefügt werden. Der Curry wird dadurch natürlich deutlich schärfer. Wer es gern etwas süßer mag, fügt ein paar Gewürznelken und 1/4 einer Zimtstange hinzu.
**Passende Küchengerichte:** Reis, Fleisch, Fisch, Geflügel, Wurst (z. B. die berühmte Currywurst), Rinderhack

**Den Curry an und für sich gibt es nicht, denn bei ihm handelt es sich lediglich um einen Sammelbegriff für eine Vielzahl von möglichen Gewürzkombinationen. Das Curryrezept links besitzt einen weniger scharfen Geschmack, dafür ein umso intensiveres Aroma.**

### *Mughal Garam Masala*

**Zutaten:** *2 Zimtstangen • 200 g grüne Kardamomsamen*
*1 EL ganze Nelken • 1 EL schwarze Pfefferkörner*
*1 gehäufter TL geriebene Muskatnuss*

**Garam Masala und Mughal Garam Masala bilden die wichtigsten Gewürzmischungen der nordindischen Küche. Wie beim Curry existieren auch zu ihnen unzählige Varianten. Für den Anfänger ist Mughal Garam Masala zu empfehlen, denn seine Gewürze werden nicht geröstet, außerdem kann man sie ohne Probleme und Wartezeiten im Handel erwerben.**

**Zubereitung:** Zimtstangen mit einem Nudelholz zerkleinern. Alle Zutaten außer der Muskatnuss zu einem Pulver zermahlen, schließlich den gemahlenen Muskat beimischen.

**Passende Küchengerichte:** Mughal Garam Masala ist ohne Chili zubereitet und daher deutlich milder als das traditionelle Garam Masala; es kann daher für praktisch alle Gerichte verwendet werden, die einen indischen Einschlag bekommen sollen.

## Japan

### *Gomasio*

**Zutaten:** *3 EL Sesamkörner • 1 EL Salz*

**Zubereitung:** Den Sesam in der Pfanne ohne Fett anrösten und nach dem Abkühlen zusammen mit dem Salz in einem Mörser zerreiben.

**Passende Küchengerichte:** Gemüse, Reisspeisen, junge Kartoffeln

## USA

### *Cajunwürzmischung aus Louisiana*

**Zutaten:** *2 gepresste Knoblauchzehen • 1 Zwiebel*
*2 TL Edelsüßpaprikapulver • 1 TL gemahlener Pfeffer*
*1 TL Kreuzkümmelpulver • 1 TL Cayennepfeffer*
*1 TL zerkleinerte Salbeiblätter • 2 TL Salz*

**Zubereitung:** Alle Zutaten gut miteinander vermischen und luftdicht abfüllen. Die Masse möglichst frisch verwenden.

**Passende Küchengerichte:** gegrillte Fleisch- und Fischgerichte, Eintopf, Reistöpfe

### *Gewürzpulver »Philadelphia«*

**Zutaten:** *6 Gewürznelken • 1 EL geriebene Muskatnuss • 1 EL Cayennepfeffer • 1 EL zerbröseltes Basilikum • 1 EL zerbröselter Thymian • 1 zerbröseltes Lorbeerblatt*
**Zubereitung:** Alle Zutaten im Mörser zerstoßen und miteinander vermischen.
**Passende Küchengerichte:** Das »Philadelphia«-Pulver passt vor allem zu Grillfleisch.

**Auch Schweinebraten schmeckt gut, wenn er mit »Philadelphia« gewürzt wird. Bestreuen Sie ihn mit der Gewürzmischung, und lassen Sie ihn 2 Stunden darin ziehen, bevor Sie ihn ins Bratfett legen.**

## Würzige Beizen

### *Rotweinbeize*

**Zutaten:** *300 ml Rotwein • 2 in Scheiben geschnittene Möhren • 2 in Scheiben geschnittene Schalotten*
*3 gepresste Knoblauchzehen • 10 schwarze Pfefferkörner • 1 TL Salz*
**Zubereitung:** Alle Zutaten mischen und 15 Minuten lang kochen. Dann lässt man sie abkühlen.
**Passende Küchengerichte:** Lammfleisch, Wildgerichte, Süßwasserfisch, Schweinebraten

### *Marokkanische Fischbeize*

**Zutaten:** *1 TL zerstoßene Koriandersamen*
*1 gepresste Knoblauchzehe • 1/2 TL Kreuzkümmelsamen • 1/2 TL Edelsüßpaprikapulver • Salz*
*5 ml Zitronensaft*
**Zubereitung:** Die Gewürze sorgfältig im Zitronensaft verrühren, nicht kochen.
**Passende Küchengerichte:** die meisten Fischarten, vor allem aber Fisch, der gegrillt oder am Spieß gebraten wird

*Chinesische Beize*

Beizen haben den Sinn, Fleisch und Fisch zart zu machen, ihn zu konservieren und mit einer speziellen Geschmacksnote zu versehen. Sie werden in der Regel aus einem alkoholischen Getränk (meistens Wein) und Gewürzen hergestellt, oft kommen auch Buttermilch oder Zitronensaft hinzu.

**Zutaten:** *6 TL Sojasauce • 1 gepresste Knoblauchzehe 1/2 TL geriebener Ingwer*
**Passende Küchengerichte:** Fleischfondues. Man lässt die Fleischscheiben etwa 1 Stunde in der Beize ziehen.

## Sonstige Gewürzmischungen

*Fischgewürzmischung*

**Zutaten:** *1 TL Koriandersamen • 1 TL schwarze Pfefferkörner • 2 TL Fenchelsamen • 1 TL Thymianblätter 1 Knoblauchzehe • 2 EL Zitronensaft*
**Zubereitung:** Koriander, Pfeffer, Fenchel und Thymian zermahlen, anschließend mit dem gepressten Knoblauch und dem Zitronensaft vermischen.
**Passende Küchengerichte:** optimal als Gewürzmarinade zu gebratenen Fischfilets

*Kräutersalz*

**Zutaten:** *120 g Salz • 1 zerbröseltes Lorbeerblatt 1 TL zerbröselter Thymian • 1 TL getrockneter Rosmarin • 1/2 TL Oregano*
**Zubereitung:** Alle Zutaten im Mörser fein zerreiben.
**Passende Küchengerichte:** vor allem Rohkost (z. B. Tomaten und Gurkenscheiben), kalter Braten, Leberwurst

*Panch Phoron (bengalische Würzmischung)*

**Zutaten:** *2 EL Fenchelsamen • 1 EL Bockshornklee 2 EL schwarze Senfkörner • 1 EL Schwarzkümmel*
**Zubereitung:** Alle Zutaten unzerkleinert vermischen.
**Passende Küchengerichte:** ideal zu gebratenem Fisch sowie zu Tomaten, Auberginen und Hülsenfrüchten

**Über den Autor**

*Dr. Jörg Zittlau* studierte Philosophie, Biologie und Sportmedizin. Er arbeitet heute als Autor und Redakteur für alternative Heilmethoden, Psychologie und gesunde Ernährung.

**Literatur**

*Hammelmann, Iris/Müller, Norbert:* Ingwer. Südwest Verlag. München 1999
*Handschmann, Johanna:* Kürbis, Spitzkohl, Löwenzahn. Südwest Verlag. München 1998
*Lange, Elisabeth:* Probiotics – Bakterien für die Gesundheit. Südwest Verlag. München 1997
*Liebster, Günther:* Warenkunde Obst & Gemüse. Morion Verlagsproduktion GmbH. 5. Auflage Düsseldorf 1995
*Oberbeil, Klaus/Lentz, Dr. med. Christiane:* Obst und Gemüse als Medizin. Südwest Verlag. 4. Auflage, München 1997
*Lücke, Dr. Susanne:* Brot selbst gebacken. Ludwig Verlag 1998
*Roßmeier, Armin:* Das große Buch der leichten Küche. Südwest Verlag. München 1998
*Zittlau, Dr. Jörg:* Die besten Rezepte aus der Gewürzküche. Südwest Verlag. München 1998

**Hinweis**

Das vorliegende Buch ist sorgfältig erarbeitet worden. Dennoch erfolgen alle Angaben ohne Gewähr. Weder Autor noch Verlag können für eventuelle Nachteile oder Schäden, die aus den im Buch gemachten praktischen Hinweisen resultieren, eine Haftung übernehmen.

**Bildnachweis**

Archiv Kraxenberger, München: Titel/Fond; Bilderberg, Hamburg: 24 (M. Kirchgässner); Ebersbach-Dabiré, München: 118; IFA - Bilderteam, München: 22 (Vahl); laif, Köln: 8 (Gernot Huber); Südwest Verlag, München: Titel/Einklinker (Karl Newedel), 16 (C. Kargl/U. Schoenenburg), 34, alle Freisteller (Archiv); Tony Stone, München: 1 (Matthew Benson), 4 (Paul Webster), 30 (Laurie Evans)

**Impressum**

Der Südwest Verlag ist ein Unternehmen der Verlagshaus Goethestraße GmbH & Co. KG.


Redaktion:
Monika Parzinger, Reinhard Bröker
Projektleitung:
Dr. Alex Klubertanz
Redaktionsleitung und medizinische Fachberatung:
Dr. med. Christiane Lentz
Bildredaktion:
Ute Schoenenburg
Produktion:
M. Metzger (Leitung), A. Aatz, Dr. E. Weigele-Ismael
Umschlag:
Heinz Kraxenberger, München
Layout:
Wolfgang Lehner
DTP:
Matthias Liesendahl

Printed in Italy
Gedruckt auf chlor- und säurearmem Papier

ISBN 3-517-08097-7